프롤로그
로컬? 거기서 뭐하세요?

"로컬에서 살다 왔어요."

나고자란 고향도 아니고 귀농 귀촌한 것도 아니라고 하면 신기함과 궁금함에 눈들이 커졌다. 아니, 왜? 뭐 하러?

로컬에서 살기 전의 나도 그랬다. 서울을 제외한 나머지는 시골, 제주도, 독도는 지도에 나온 정도로 이해했고, 로컬은 곧 '6시 내 고향' 같은 풍경일 거라 상상했다. 그만큼 낯설고 먼 곳에서 어떻게 살아가는지 궁금했다. 반대로 내게 '왜 서울에 사냐?'고 묻는 로컬 사람들이 없다는 생각은 하지 못했다.

서울은 좁고 깊은 우물이었다. 다른 길은 보이지 않았다.

오직 서울만이 삶, 생활, 집의 배경이 될 수 있었기에, 벗어날 수 없었다. 사회가 정해놓은 길을 따라 채워야 할 것들이 계속해서 밀어닥쳤다. 어떻게든 해내거나 도저히 안 되는 것은 적당히 포기하면서 살았다. 이 길이 맞는지 답답하고, 언제까지 이래야 하는지 불만이 차오를 때면 주변을 돌아봤다. 저 끝에 무엇이 있을지는 아무도 몰랐다. 남들이 하라는 데로 맹목적으로 살아가고 나이먹고 싶지 않았다. "내 생각대로 살고 싶다." 말하면서도 정작 내 마음이 무엇을 원하는지는 잘 몰랐다. 머뭇거리는 사이 서울의 중력이 다시 원래의 자리로 끌어당겼다.

우연찮은 기회에 벨기에와 터키에서 머물면서 나는 처음으로 다른 환경에 놓였다. 아는 이 하나 없이 낯선 곳에서 헤매고 부딪치며 삶의 패턴을 만들기 위해 애쓴 시간들이 내 삶에 새겨졌다. 예전처럼 살아갈 수 없겠다는 불가역적인 변화로 이어졌다. 귀국 후에 나는 서울이 아닌, 가장 낯선 환경을 찾아갔다.

서울이 아닌 지역을 부르는 몇 가지 단어가 있다. '로컬'은 다양한 가능성을 말할 때 쓰인다. 청년들의 감각적인 기획으로 참신한 콘텐츠를 생산하고 펼치는 장, 중장년을 비롯한 세대별 귀농 귀촌지, 로컬크리에이터들을 위한 힙한 매력의 블루오션 창업지를 말할 때 로컬이 등장한다. 같은 곳을 '지방'이라고 부를 때는 다른 어감을 전한다. 지방 소멸, 지방인재 유출, 지방 격차 등이다. 중앙과 구분된 변방이라는 외곽의 느낌이 강조된다. '지역'은 좀 더 공식적이고 중립적인 의미이다. 지역개발, 지역 균형발전, 지역사회, 지역경제처럼 정책과 기능적인 맥락에서 쓰인다. 이 책은 가능성에 주목했기에 로컬을 사용했다.

로컬은 저마다 다른 매력과 잠재력을 가졌다. 하지만 아무리 장점을 강조해도 삶터로서 로컬은 단점이 더 많다. 의료, 교통, 생활편의 시설부터 일자리, 문화, 교육에 이르기까지 대부분 개인이 해결할 수 없고, 정부가 나서도 쉽지 않은 의제들이 산적해 있다. 로컬에서 무엇을 하느냐는 말에는 '없는 게 많은, 살기 어려운' 같은 수식어가 앞에 생략되어 있음을 느꼈다. 실제로 초고령화와 인구 소멸을 겪고 있는 로컬의 현재는 역사상 유례를 찾을 수 없이 빠른 속도로 인구가 줄어들 대한민국의 미래이다. 그럼에도 나는 누구나 생애 한번은 로컬에서 살아보기를 바라는 마음으로 이 책을 썼다.

사람은 홀로 이뤄진 존재가 아니다. 우리는 둘러싼 환경과 상호작용을 하며 나라는 존재, 정체성을 만들어간다. 지금의 나는 환경의 산물이기도 하다. 로컬이라는 낯선 장소는 '내가 생각해 온 나'와 다른 '진짜 나'를 발견하는 시간과 여백을 주는 특별한 환경이다. 청년, 중년, 신중년 등 누구든 한번은 살던 곳을 떠나 로컬에 살면서 자신과 삶을 돌아볼 수 있다.

책의 1장은 도시가 만든 삶에 관한 내용이다. 2장과 3장은 낯선 환경인 로컬의 가능성을 경험에 담았다. 그리고 로컬 살이 도전을 위한 구체적 방법인 4장과 맺음에 해당하는 5장으로 구성했다. 혹시라도 개인적인 생각을 담는 과정에서 내용이 불편하게 느껴지는 부분이 있다면 미리 너그러운 양해를 구한다.

생각을 글로 그리고 책으로 만드는 데까지 많은 머뭇거림과 헤맴이 있었다. 끝까지 해낼 수 있도록 용기와 도움을 주신 모든 분께 진심으로 감사한 마음을 전하고 싶다.

1장: 도시의 삶에서 비롯되는 불행과 불안

시간: 도시의 부속품	10
공간 : SNS, 도시에서 찾은 나의 영토	26
불안: 시작도 끝도 없는 노후 준비	38
도시를 움직이는 힘: 비교와 경쟁	53

2장: 낯선 곳에서 나를 만나다. 의도를 가진, 선택과 자유

삶의 주인으로	62
로컬로 이민가자	68
선택할 수 있는 자유	77

3장: 로컬살이, 지금 시작해볼까?

지금 로컬로 가야할 이유	84
로컬에서 커리어 전환: 가볍게 시도하기	95
로컬에서 살기: 경력 다시보기의 가능성	103
로컬에서 살기: 창업	110
로컬살이에 임하는 마음:	119
적당히 벌어 아주 잘살자	119

4장: 로컬살이 성공 가이드

로컬살기 스타트 1: 어떻게 살까　　　126

로컬살기 스타트 2: 뭐 먹고 살까　　　132

로컬살이를 추천합니다　　　145

로컬에서 마주할 수 있는 문제들　　　160

5장: 지금의 내가 더 행복한 이유

변하지 않는 것을 찾다　　　170

내 속도 찾기　　　176

로컬에서 살 결심: 낯선 환경이 만든 변화　　　185

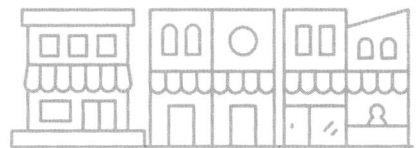

1장
도시의 삶에서 비롯되는 불행과 불안

시간: 도시의 부속품

알람이 울리기 직전에 눈이 떠졌다. 왠지 일찍 일어난 것 같은 기분에 휴대폰을 확인하면 알람이 울리기 1~2분 전이었다. 여유를 갖고 하루를 시작하기에는 빠듯하게 맞춰진 알람 시각이었다. 몸을 일으킴과 동시에 욕실로 향해 반쯤 감긴 눈으로 샤워기를 틀었다. 서늘하게 느껴지는 물줄기가 목덜미를 적시며 정신을 깨웠다. 젖은 머리를 툭툭 털면서 교복 같은 출근복을 챙겨 입었다. 시계를 흘깃 보니 지하철 시간까지 15분. 현관문을 닫고 뛰듯이 계단을 내려갔다.

"아, 10분만 일찍 일어날걸…."

중얼거리며 역으로 향했다. 10분만 일찍 일어나서 나오면 지하철이 이렇게 붐비지 않을 텐데. 역을 가득 메운 사람들 뒤로 줄을 섰다. 지하철 문이 열리자, 사람들이 밀물처럼 쏟아져 나왔다. 그 틈을 비집고 들어가 간신히 손잡이를 붙잡았다. 어깨와 어깨가 맞닿고, 누군가의 가방이 내 옆구리에 불편하게 닿았지만 어쩔 수 없다는 걸 알기에 미안하다고 말하지도, 기대하지도 않았다. 다들 고개를 숙이고 스마트폰만 바라봤다. 보고 싶지 않아도 옆 사람이 보는 쇼츠에 눈이 갔다.

좁은 공간에 모였지만, 서로가 보이지 않는 듯 시선을 돌렸다. 암묵적인 룰이 있기 때문이다. '(너도 힘들고, 나도 힘드니) 최대한 서로 건드리지 말자.' 모두의 바람은 단 하나 다음 역에 한 명이라도 더 내려서 숨 쉴 공간이 생기길 바라는 것뿐이었다.

회사에 도착한 것은 눈 뜬 지 겨우 2시간. 이미 하루를 시작하기도 전에 지쳐버린 몸과 마음을 달래며 컴퓨터 전원을 눌렀다. 로그인과 동시에 업무를 개시했다. 도시의 리듬은 시계처럼 가차 없이 정확했고, 나는 시간에 맞춰 최선을 다해 돌아가는 작은 톱니바퀴였다.

미라클 모닝의 신화

도시 생활자로서 반드시 가져야 할 미덕, 사회생활의 첫째 가치는 언제나 효율성이다. '일찍 일어나는 새가 벌레를 잡는다.' 그리고 도시에선 모두가 그 벌레를 노린다. 남보다 일찍 기상하는 것이 중요하다.

미라클 모닝이라는 유행이 불었을 때, 나도 한때 새벽에 일어나 하루를 더 길게 써보려고 애썼다. 아침 4시. 알람 소리에 눈을 비비며 일어나 요가 매트를 펼쳤다. 큰 컵으로 물 한 잔 마시고 명상도 시도했다. 새벽의 고요함 속에서 전과 다른 하루의 시작을 맞이했다. 무엇보다 다들 자고 있을 시간이라는 생각에 기분이 좋아졌다. 그러나 오전 10시, 회의실에서 눈꺼풀이 천근만근 내려앉았다. 두 시간을 벌었지만 열 시간을 버린 셈이었다. 저녁 시간을 충분히 확보하지 못한 상태에서 기상 시간만 앞당기니 수면만 줄어든 셈이라 하루 종일 몽롱했다. 결과는 늘 실패였다.

영국에서 진행한 연구에 따르면, 새벽형 인간보다 오전

8시에서 11시 30분 사이에 일어난 사람들이 인지 테스트에서 7~14% 더 높은 점수를 기록했다고 한다.[1] 이른 기상 루틴이 모든 사람의 생산성을 높여주지는 않는다는 결과에 안도했다. 의지가 부족하고 성장 욕구도 없는 실패자라는 자책감과 미라클 모닝의 강박에서 조금은 벗어났다.

도시의 미라클 모닝은 개인의 생체 리듬을 무시한다. 어떤 사람은 아침형 인간이 아니라 밤에 집중력이 높아지는 타입일 수도 있다. 충분한 수면 없이 새벽에 억지로 일어난다면 하루 종일 피곤함을 느끼고 오히려 효율이 떨어질 가능성이 있다.

'열심히 해야 한다.'는 압박감도 있다. 미라클 모닝을 실천하지 않으면 뒤처지는 느낌이 든다거나, 자신이 게으른 사람처럼 여기기도 한다. 아침에 일찍 일어나는 것 자체가 가치 있는 일처럼 과장되기도 하는데, 단순히 기상 시간을 앞당겨 자기계발하는 일은 무조건적 '성공 공식'이 되기는 어렵다.

---

[1] 박주영, "저녁형 인간이 아침형보다 인지능력 더 높다," 연합뉴스, July 23, 2024, accessed June 6, 2025, https://www.yna.co.kr/view/AKR20240723048700063.

셋째로 미라클 모닝이 주는 효과가 장기적으로 지속되기 어렵다는 점이다. 처음 며칠간은 '새롭게 무언가를 해낸다.'는 열정에 힘입어 일찍 일어날 수 있지만 이 패턴을 평생 유지하기란 쉽지 않다. 사회적·가정적 일정이나 예상치 못한 상황(야근, 육아, 건강 문제 등)이 생기면, 새벽 기상을 고수하는 것이 상당히 부담스럽게 느껴진다.

가장 큰 문제는 미라클 모닝을 강조하는 분위기가 개인의 '노력 부족'을 문제 삼는다는 점이다. "아침에 일찍 일어나서 운동하고 공부해라." "늦게 일어나면 남보다 노력하지 못한 것이다." 같은 메시지는 개인의 의지력을 극한까지 끌어 쓰도록 하며, 구조적·환경적 요인은 간과하게 만든다. 어떻게 보면 도시에서 강조하는 천편일률적인 효율과 비슷하지 않을까 한다.

안다고 바뀌는 것은 아니다. 내 생활 패턴과 맞지 않는다는 것을 직접 경험했음에도 효율성에 대한 집착은 쉽게 사라지지 않았다. 도시의 거대한 효율에 대한 신화는, 지식으로 알고 있는 내용일지라도, 마음을 바꾸도록 허락하지 않았다. 매일 아침 새벽 기상에 운동도 하고, 자기계발도 하는 사람들의 모닝루틴을 SNS, 블로그 등에서 볼 때면 부럽기도 하고 씁쓸한 마음이 들었다. 난 루틴도 없이 사회생활 성공할 수 있을까 싶어 한심하게 느껴졌다.

루틴에 대한 지나친 집착이 역효과를 낳는다는 연구도 있다. 매일 똑같은 습관을 강요할 때 스트레스가 증가하고 중요한 결정에 방해가 된다고 생산성 전문가 로라 벤더캠은 '24시간의 함정'이라 불렀다. 루틴은 성공을 만드는 좋은 방법이지만 강요된 루틴은 오히려 효율이 떨어지고 생산성을 떨어뜨린다. 자신에게 맞는 루틴을 찾는 것이 중요하다. 매일 아침 일찍 일어나고, 일찍 자고, 완벽한 루틴보다 유연하고 지속 가능한 방식이 장기적으로 더 효과적이다.

빠르게 도는 도시의 시간

도시의 시계는 로컬에 비해 빠르게 움직인다. 도시환경에는 상대성 원리 같은 별도의 시간 체계가 존재한다. 그 시스템 아래 모든 것이 분절된다. 출근 시간, 회의 시간, 마감 시간, 퇴근 시간. 하루는 조각조각 쪼개지고 그 시간표대로 살아간다. 어느 자기계발러는 시간을 10분 단위로 쪼개 무엇을 하며 사는지 적으라고 한다. 그렇게 1년을 살면 성공한다고 말했고 모두가 열광했다. 당연히 하루가 시간의 조각들로 잘게 쪼개 쓰면 왠지 더 많은 일을 효율적으로 하는 것 같았다.

'시간 관리'라는 이름으로 시간을 쪼개고, 계산하고, 최적화했지만, 오히려 더 바빠졌다. 시간을 관리하는 데 집중하다 보니 정작 시간이 주는 여유는 사라졌다. 시간을 효율적으로 관리하겠다고 마음먹자 가장 먼저 가족과 보내는 시간이 사라졌다. 미안하게도 누구보다 잘 이해해 주는 가족들이 항상 맨 뒷전이었다. 같이 사는 식구들과 마주 앉아서 편하게 밥 먹은 게 언제인지 몰랐다. 주중에는 회사 일로 주말에는 쉰다는 핑계로 집 밖을 돌았다. 언제고 시간을 내면 만날 수 있는 관계일수록 뒤로 미뤄졌다. "넌 바쁘니까." 이해해 주는 사람들과 함께 보낼 시간이 없었다. 오히려 바쁜 사람끼리 시간을 어렵게 맞춰 만났다. 서로 바쁘기에 최대한 효율적으로 만나고 헤어졌다. 최소한의 노력으로 최대 성과를 얻어야 했다. 시간과 에너지를 쪼개고 절약해 효율을 극대화하는 것은 도시의 미덕이니까. 휴식조차 다음 날의 생산성을 높이고 채우기 위한 충전이어야 했다.

시간을 효율적으로 쓰면 역설적으로 시간이 줄어드는 이유는 더 많은 업무·일정을 채워 넣게 되기 때문이다. 시간을 잘게 구분해 두면 그 작은 빈틈에 또 다른 업무나 할 일을 끼워 넣기 쉬워진다. 예를 들어 30분 단위로 스케줄을 짜면, "이 시간대가 비어 있네?" 하고 새로운 할 일을 추가하게 되는데, 결국 일의 양이 점점 불어나면서 체감상 시간이 부족해진다.

여유 시간이 사라진다. 짧은 간격마다 할 일을 넣다 보면 중간에 발생하는 예기치 못한 상황(통화가 길어지거나 교통체증)이 생겼을 때 일정 전체가 무너질 수밖에 없다. 삶은 효율만을 따르지 않는다. 해야 할 일을 하지 못하는 상황 앞에 압박감이 생기고 '시간이 부족하다.'는 생각이 든다. 게다가 스케줄이 빽빽하면, 식사를 간단히 때우거나 수면을 조금 줄이는 식으로 시간을 절약하려 든다. 하지만 인간은 로봇이 아니다. 쉬는 시간을 줄이면 오히려 시간이 더 필요해지는 악순환이 발생한다.

시간을 채워야 할 대상으로 보기 때문이다. 분·초 단위로 시간을 관리할수록 이 시간을 그냥 두면 손해라는 조바심이 생긴다. 조바심이 쌓이면, 남는 시간이 있어도 쉬거나 머리를 식히지 못하고, 더 많은 활동을 집어넣으려고 애쓴다. 예를 들어 10분만 남아도 '뭔가 해야한다.'는 압박감이 생기는데 실제로는 집중하는 일의 흐름이 자꾸 끊기면서 오히려 효율이 떨어진다. 비효율의 사이클은 다시 '시간이 부족하다.'는 느낌을 야기한다.

내 시간의 주인은 누구인가?

도시에서 바쁜 사람은 가치 있는 사람이란 뜻이었다. 해야 할 일, 부르는 데가 많다는 건 필요한 사람이라는 증거처럼 여겨졌다. 하면 할수록 쌓이는 일은 유능함에 대한 기대 같기도, 무능함의 증거 같기도 했다. 눈앞에 쌓인 일들은 아무리 치워도 돌아서면 다시 모래처럼 쌓였다. 선배들은 말했다.

"할 일이 많은 게 오히려 낫지. 일이 없으면 오히려 불안하던데. 자리가 없어질 수도 있잖아."

주변 사람 모두가 '바쁘다 바빠.'를 입에 달고 살았다. 가치를 인정받는 방법이 쉴 새 없이 바쁨에 있다는 사실은 앞으로 살아갈 날, 내 미래를 암담하게 했지만, 다른 생각은 할 수 없었다. 주변을 돌아보면 다들 그렇게 살고 있었다. 회사 생활을 하며 가장 많이 들은 말은 "다들 그렇게 살아."였다. 모두 똑같이 사는 게 당연한 것처럼 말하는 도시의 논리였다. 하지만 그럴수록 내 안의 질문이 커졌다.

'과연 시간의 주인은 누구인가? 내가 시간을 쓰는가? 시간이 나를 효율적으로 움직이게 하는 것일까?'

각자가 시간은 다르게 써야 한다. 모두가 똑같이 시간을 쓰는 것은 자연스럽지 않다. 인간의 성향은 천차만별인데 시간은 왜 모두 비슷한 방향으로만 소비해야 하는가? 모두에게 똑같이 주어진 24시간이지만, 저마다 주어진 체력과 능력은 다르다. 누군가는 체력을 갈아 넣어 시간을 벌고 누군가는 특별한 능력으로 자기 시간을 늘렸다. 이들은 '갓생'이라는 이름으로 시간 관리의 성공 사례가 되었다. 새벽 5시, 요가 후 영어 공부, 출근 전 주식 차트 분석, 퇴근 후 부동산 세미나, 주말엔 임장, 봉사활동, 마라톤까지…. SNS는 이런 완벽한 시간 관리자들의 이야기로 가득했다. SNS를 통해 인증하고 목격한 그들의 시간 관리와 성공 스토리에 감탄하면서도 '나도 해보겠다.'는 의욕보다는 좌절과 불안이 커졌다. 체력도, 능력도 부족한 나는 뒤처졌다는 생각이 들었다. 시간을 절약할 더 좋은 방법이 있지 않을까 고민했다. 혹시 허투루 쓰는 시간이 있는지 찾느라 얼마 남은 시간도 써버렸다.

  도시가 가진 가장 큰 매력은 다양성이다. 다른 개성을 가진 여러 사람이 모이고 한데 어우러져 살며 교류하는 것이다. 하지만 지금은 모두가 한 방향을 향해 비슷하게 시간을 소비하며 뛰는 듯한 기분만 든다. 비슷하게 검증된 과정을 거쳐 가며 적당히 비슷한 정도의 성취를 꿈꾸고, 비슷한 욕망을 가진 채 만족하는 것 같다. 로컬에 사는 사람도 분명 그런 사람들이 있겠지만, 도시의 시스템 아래 경험하는 삶과, 그 밖에서 경험하는 삶은 강도의 차이가 있었다.

선택의 역설

다양한 사람이 모인 만큼 도시에는 분명 다양한 취향과 선택, 자유가 있다. 개개인의 목표도 의지도 다르다. 자유로운 개인은 각자 다른 목표와 삶의 패턴을 만들고, 서로 다른 패턴은 도시라고 하는 거대한 용광로에서 한데 어우러져 융합되기도 하고, 시너지를 발휘하기도 한다. 도시가 가지고 있는 좋은 점들도 많지만 그만큼 그림자도 길고 짙다.

도시는 풍부한 기회와 편의, 익명성을 제공하며 자유를 약속하지만, 역설적으로 개인의 자유는 점점 줄어든다. 내가 살고 싶은 곳에 살지 못하고, 원하는 대로 결혼하고 가족을 만들 자유는 없다. 그런 선택은 소수의 사람에게만 허용된 것 같다.

'순간의 선택이 평생을 좌우한다.'는 말처럼 도시에서 선택은 중요하다. 빠르게 돌아가는 도시의 흐름이 뒤처지지 않기 위해 노력하는 한편, 적절한 시점에 최적의 선택을 하여 끊임없이 성장해야 한다.

도시 사람들은 다양한 선택지가 있어도 결국 한 곳을 향한다. 도시의 치열한 경쟁과 사회 압력 또한 선택지를 좁힌다. 콩나물시루처럼 밀착된 도시의 삶 속에서 사람들은 필요 이상으로 가까이 서야 한다.

유망한 지역의 아파트 분양 현장에는 수백 명이 줄을 서서 기다렸다. 평생 갚아도 끝나지 않을 것 같은 대출을 감수하면서도 모두가 그 자리에 있었다. 아파트 자체에 대한 필요도 있지만 돌아서면 치솟는 주거비용 때문에 사람들은 어떤 형태로든 마음을 먹어야 했다. 계속해서 이렇게 살지, 집을 사는 모험을 할지 선택해야 했다. 자유의지 같지만, 완전한 자유로 선택하는 것은 아니다. 살고 싶은 곳에 살 자유는 없다. 엄청난 비용을 감당할 자신이 없다면. 가족계획 또한 개인의 선택이 아니다. 그냥 원치 않아서가 아니라 할 수 없어서 포기하고 멈춘다. 국토연구원 보고서에 따르면 전셋값이 10% 오를 때마다 출산율은 0.01명 떨어진다고 한다.[2] 청년들은 주거 비용 때문에 독립과 결혼, 출산까지 망설인다. 그 결과 세계에서 가장 빠른 속도로 인구가 줄어드는 대한민국이 되었다.

너무 많은 선택지는 오히려 선택을 제한했다. 대형 마트를 비롯한 쇼핑 장소에서는 수십 개의 비슷한 제품이 놓여 있다. 아무거나 대충 고르기에는 뭔가 손해를 볼 것 같아 살펴보지만 지나치게 많은 정보가 쏟아진다. 브랜드 마케팅, 광고, 가격 비교, 묶음 세일 같은 여러 가지 포장으로 선택은 더 어려워진다. 심리학자 배리 슈워츠는 선택지가 과도하게 많을수록 불안과 후회가 늘어나 결정을 더 어렵게 만든다고 지적했다. 선택지가 과잉하면 오히려 만족스러운 결정을 내리기 힘들어지고, 실질적으로는 선택의 자유가 제한되는 역설이 벌어진다. 무엇이든 선택할 수 있기에, 더 나은 선택이 있지 않을까 불안하다. 더 나은 소비에 대한 고민이 필요 없는 정도의 부와 자본에 대한 욕망으로 이어진다. 무엇이든 소비할 수 있는 환경은 오히려 스트레스

---

[2] 심윤지, "애 안 낳는 이유⋯수도권 '비싼 집값', 비수도권 '일자리 부족'," 경향신문, November 12, 2024, accessed June 7, 2025, https://www.khan.co.kr/article/202411121108001.

가 되었다. 더 나은 선택에 대한 불안은 더 많은 부에 대한 욕망으로 이어졌고, 결국 더 많이 일해야 했다.

도시 생활은 편리함과 다양성 뒤에 많은 제약을 숨기고 있다. 도시의 구조, 사회적 분위기, 소비문화가 맞물려 개인의 중요한 삶의 결정과 일상적 선택까지도 일정 방향으로 몰았다. 풍요로운 도시를 만드는 데 기여하는 개인은 노동자, 소비자로서 살아가며 진정한 자유를 누리지 못했다.

누구나 당연히 그렇게 하는 삶

도시에서 사는 동안 두 가지 모순된 생각이 공존했다. '다 똑같다.'와 '나는 누구인가.'였다. 퇴근길 지하철. 스마트폰을 들여다보는 사람들 사이에서 문득 고개를 들었다. 모두가 같은 곳을 향해 가고 있는 것 같았다. '다들 그렇게 산다.'는 말을 들을 때마다 안도와 불안이 교차했다. 내가 찾던 대답이 아니라는 걸 알았지만, 다 똑같다는 생각에 잠깐이나마 안심할 수 있었다.

누구나 자유롭게 삶을 선택할 수 있다고 하지만, 조금 다른 길을 가려는 사람들에게 도시는 이렇게 말했다.

"여기서 성공을 못 하니까 그렇게 사는 거지. 그건 실패야."

다른 선택을 하는 이들의 삶을 특별한 것으로 조명하면서, 평범한 사람들의 선택지에서는 배제했다.

지금까지 객관식 문제를 풀듯 살아왔다. 이것 아니면 저것, 맞는 답과 틀린 답이 있는 세상이라고 생각했다. 하지만 삶은 주관식이다. 정답이 하나도 아니고, 처음부터 맞고 틀리는 것도 없다. 과연 도시의 삶이 유일한 답이자 정답이라 할 수 있을까? 진짜 나, 진정한 삶을 찾는 질문에 '누구나 그렇게 한다.'라는 쉬운 답지가 시야를 가렸다.

공간 : SNS, 도시에서 찾은 나의 영토

 요새 쉬는 날이 되면, 유행하는 장소, 맛집을 찾아다니는 것이 소소한 행복이었다. 꽤 오래전에 저장해뒀던 맛집 투어에 나섰다. 각오하고 나섰지만, 예상대로 문 앞에는 한 시간은 기다려야 한다는 안내판과 길게 늘어선 사람들이 있었다. 주변에 있는 다른 가게를 가자니 왠지 후회할 것 같은 기분이 들었다. 이러지도, 저러지도 못하는 와중에 망설이는데 나도 모르게 말했다.

 "요즘 경기 안 좋다던데 어디든 사람 바글바글하네."

 내가 뱉은 말에 깨달았다. 여기 모인 사람들은 모두 같은 정보를 보고 왔다는 사실을. 나처럼 틈만 나면 인스타그램 같은 SNS를 들여다보며 '좋아요.'를 누르고 저장해둔 장소들을 보고 온 이들일 것이다. 서로 모르지만, 우리는 알게 모르게 약속이라도 한 듯 이곳에 모여들었다. 결국 40분을 기다려 자리에 앉았을 때, 주변 테이블에서는 벌써 음식 사진을 찍는 사람들로 가득했다. 나도 질 수 없다는 듯이 음식이 나오자마자 스마트폰을 꺼내 들었다.

인스타그램은 이제 내 생활의 일부분, 아니 도시 생활의 필수품이 되었다. 요즘은 음식의 맛보다 인스타 각이 더 중요하다는 말도 들린다. 길게 늘어선 줄은 그 음식을 한 번쯤 먹어보고 싶은 사람들과 인스타에 올리고 싶은 사람들이 뒤섞여서 만들어진 것이었다.

디지털로 증폭된 도시의 욕망

사실 인스타그램이 우리의 욕망을 자극하고 더 하게 만들었다고 말하는 사람들도 있지만, 내 생각은 좀 다르다. SNS는 그저 현대 사회의 속성을 그대로 비춰주는 거울이다. 특히나 도시의 욕망을 드러낸다. 욕망이야말로 도시를 더 빠르게 돌아가게 만드는 가장 큰 힘이다.

SNS 등장 훨씬 이전부터 도시는 효율, 성공과 풍요라는 목표를 통해 성장했다. 효율적으로 일하고 풍요롭게 사는 것이 성공이자 바로 행복이라고 믿었다. 특히 도시 안에서는 좁은 공간에 사람들이 밀집하다 보니 서로의 풍요를 비교하거나 본보기로 삼기 쉬웠다. 부자의 동네인 강남, 압구정, 청담에 산다는 이유로 주변 지역의 부러움을 샀다. 상대적으로 비싼 의류, 음식, 주거 환경을 보며 생활하는 사람들 사이에서 도시의 욕망이 자라났다. 특히 측정할 수 없는 성공과 행복을 드러내기 위해서 성장 가능성을 보여주는 명문대 학벌과 계급을 드러내는 부동산, 젊음과 감각을 과시하는 사치품 같은 것들이 필요했다. 하나씩 채우고 더하며, 최선을 다해 사는 것은 지금과 똑같았다. 이를 과시할 방법이 달랐을 뿐이었다. 그저 직접 대면하거나 듣고 본 사람들끼리, 기껏해야 '엄마 친구 아들, 딸'과 경쟁하고 비교했을 뿐 성취를 전시하고 알릴 공간이 없었다. 하지만 이제는 24시간 내내 모두에게 알리고 포스팅 할 수 있는 SNS가 있다.

  SNS는 이전에 존재하지 않았던 새로운 욕망을 만들어낸 것이 아니라, 이미 있던 도시의 욕망을 디지털 세상에 비춰

증폭시킨 것이다. 시각 중심의 이미지, 나아가 짧은 영상을 공유하는 SNS는 온라인과 오프라인의 경계를 허물면서 아름답고 세련된 소비에 대한 욕망을 대중화했다.

SNS의 등장 이후 삶의 모든 영역은 잘 나온 사진으로 평가받는다. 여행지나 공연장뿐 아니라 집 안의 인테리어, 심지어는 평범한 일상의 작은 순간까지도 '사진이 잘 나오는지' '나의 삶이 어떻게 보이는지'가 선택의 중요한 기준이 되었다. 카페에서 커피를 마시든, 길에서 친구와 만나든, 순간순간을 포스팅했다. 삶을 기록한다는 사람도 있지만, SNS의 기본적인 성격이 '나의 삶 내보이고 공유하기'이다. 내가 실제로 어떤 삶을 살고 있는지보다 '어떻게 보이는지'가 더 중요해졌다.

자신의 삶을 내보이고 공유하는 것이 나쁜 것은 아니다. 다만 그사이에 비교가 등장하며 삶을 공유하는 행동이 왜곡된다. "SNS가 삶을 망쳤다."는 사람들의 말은 공유가 아닌 비교에 대한 비판이다. 자신의 일상을 화려하게 편집해 공유하는 SNS는 '나 이렇게 잘 살고 있어요.'라는 과시이자, 동시에 새로운 정체성 만들기다. 실제 나보다 더 나은 나를 조각해 선보일 수 있다. 연차가 쌓이면서 점점 지루해지는 회사 생활, 반복되는 육아와 가사 대신, SNS에는 여행, 맛집, 쇼핑, 취미 생활로 가득한 또 다른 내가 존재한다. 그 공간에서는 내가 조직의 부속품이 아니라, 멋진 취향을 가진 라이프스타일 큐레이터가 된다. 이런 행동은 SNS가 등장하기 전에도 있지 않았나? 어느 동에 사는지, 어느 중, 고등학교를 나왔는지, 어떤 차를 타는지, 어떤 음식을 먹었는지 등등은 SNS가 등장하기 전에도 도시인이 공유하던 욕망이다. SNS는 단지 이런 욕망을 답습했을 따름이다.

도시의 삶은 겉으로는 무한한 자유와 선택지가 있는 것 같지만, 사실은 정해진 길을 걷도록 은근히 압박해 왔다. SNS는 이런 압력을 더 강화했다. 내 피드에는 매일 비슷한 취향, 비슷한 장소, 비슷한 제품들이 끊임없이 흘러들어온다. 절대우위를 가진 한쪽으로 관심과 세력이 모이는 '단극화 현상'이 실시간으로 벌어진다. 유명 맛집이나 대형 매장이 SNS를 통해 더 유명해지고, 더 많은 소비가 일어난다. 내 의사와 무관하게 비슷한 소비패턴을 갖도록 유혹한다. '어떤 도넛이 유명하다.' '어떤 스타일이 유행이다.'라는 정보는 계속해서 공유되고 알게 모르게 개인의 선택에 영향을 미친다. 심지어 개인적인 창작활동인 쇼츠나 릴스도 같은 주제로 만든 비슷한 콘텐츠가 넘쳐난다. 유행이라고 하면 모두가 비슷한 콘텐츠를 만든다. SNS로 알게 된 이들을 신뢰하고, 소비를 통해 그들과 하나 되고 싶다는 욕망을 자극한다. 결국 닮고 싶은 사람들이 영향력을 발휘하게 되고, 나도 모르게 그들을 따라 소비하고 선택한다. 여기에도 선택의 자유는 없다.

SNS에서 극찬하는 베이커리 카페에 갔다. 한참을 기다려 자리를 잡고 커피와 빵을 주문해 먹는데, 한 시간을 기다려 마신 커피는 특별한 맛이 아니었다. 그런데도 인스타에 '힐링' 해시태그와 함께 사진을 올리고 있다. 그렇게라도 해야 들어와 앉는 데까지 쓴 시간과 에너지가 덜 아까울 것 같다. '그래도 먹어봤다, 예쁜 사진 찍었다.'는 사실에 만족해야지. 포스팅이라도 남겨야 남는 장사 같은 기분이 든다. 여기에 온 이유는 결국 먹어봤다는 경험과 사진 때문이었네, 한편으로 씁쓸해진다.

행복마저 인정받고 싶은 욕구

 내 지인은 평소엔 말수도 적고 조용한 편인데, SNS에서는 거침없는 입담(글담)을 자랑하며 사회와 시대 비평을 촌철살인으로 쏟아낸다. 저 사람에게 저런 면이 있었나 싶을 정도로. 아마 나 또한 마찬가지였을 것이다. 내가 가장 좋아하고 남기고 싶은 모습만 남기는 SNS의 궤적을 따라가면 포스팅된 나와 실제 나는 멀리 떨어져 있곤 했다.

 가끔 맛집이나 여행으로 작은 일탈을 하거나 꾸준한 취미생활로 힐링하기도 하겠지만, 대부분의 시간은 그저 평범하다. SNS에는 그런 모습은 거의 없다. 아니 그런 모습조차 '일상의 행복' 같은 태그를 달아 둔다. 일상을 제외하고 멋진 카페, 근사한 음식, 가족과의 행복한 순간들만 엄선해서 올렸다. 점차 실제 모습보다는 되고 싶은 모습에 가까운 장면과 글이 주로 저장되었다. 하나둘 나와 연결된 사람들이 점차 늘어나면서 왠지 영향력 있는 사람이 된 듯했다. 그들에게 받는 많은 댓글과 '좋아요.'가 잘 살고 있다는 표시, 행복의 증거이자 점수표 같았다. SNS에는 일상과 가장 빛나는 순간이 교묘하게도 섞여 있다. 괴롭고 힘들다는 피드를 올릴 때조차, 자기 성찰이 아니라 보는 이들의 지지와 응원 같은 반응을 기대한다. 어떤 반응을 기대하며 공유하는 감정은 솔직할 수 없다.

블라인드 같은 게시판에 '30대, SKY 졸, 대기업 재직, 외모 괜찮은 편, 저 어떤가요?' 하고 올려서 자신에 대한 평가를 일면식도 없는 사람들에게 묻는 일은 사회적으로 이슈가 될 정도다. 조건만으로 사람을 평가하는 것도 문제지만 묻는 대상이 남이라는 점도 그렇다. 모르는 사람들로부터 받는 좋아요 같다고 생각하는 걸까.

SNS를 열어보면 자신을 있는 그대로 보여주기보다, 가장 화려하고 행복해 보이는 순간들로 가득 차 있다. 나도 멋지고 감각적인 것을 올리지 않을 수 없다. 결국 뒤처지지 않기 위해 일상까지 꾸며서라도 행복한 척 보여주려는 보여주기식 삶을 택하는 이들이 늘어나기도 한다.

이런 모습이 때로는 가식적으로 느껴져도, 멈추기는 쉽지 않다. 남들에게 인정받고 싶은 욕구, '인정 욕구' 때문이다. 전문가들에 따르면 인정 욕구 때문에 다른 사람들에게 인정받고 싶고, 그렇지 못하면 자기 존재를 부정당한 듯한 좌절감을 느낀다고 한다.

도시와 마을, 다른 인정의 방식

재미있는 건 이 인정 욕구가 환경에 따라 다르게 나타난다는 점이다. 농경 중심의 마을에서는 공동체에 잘 어울리는 것, 너무 튀지 않는 것이 아직도 중요하다. 공동체 속에 어우러져 살아가기 위해서는 너무 튀지 않게, 남들이 어떻게 볼지 생각하며 행동과 태도를 조심해야 한다. 반면 도시는 공동체를 이뤄 협동하지 않아도, 각자 맡은 역할을 해내기만 해도 살아가는 데 문제가 없다. 튀는 것, 남들과 다른 개성을 드러내는 것이 가치 있게 여겨진다 (그렇다 하더라도 도시 생활은 비교적 '이렇게 살아야 한다.'라는 정답을 요구한다). 내가 가진 취향이나 능력 등을 통해 남들과 차별화하는 것에 존재 의미를 두며 개성을 만들어왔다. 모두가 '남들과 다르게' 살려고 하지만, 그 '다름'조차 비슷한 방식으로 표현된다. 같은 장소, 같은 포즈, 같은 필터로 '개성'을 드러낸다. 아이러니하게도 개별화된 정체성을 추구하면서도 결국 모두가 비슷한 모습으로 수렴해 가는 것이다.

진정한 행복은 증명이 필요없다

부탄은 한때 전 세계에서 가장 행복한 나라였다. 부탄은 급격한 도시화와 함께 인터넷과 SNS가 보급되자, 사람들이 외부 세계와 자신들을 비교하기 시작했고 행복지수가 크게 떨어졌다고 한다. 자기 자신이 기준이던 행복이 타인과의 비교를 통해 측정되기 시작한 결과다.

하지만 타인의 시선과 반응에 나의 행복을 맡기는 순간, 행복의 기준은 계속해서 변하는 외부 평가가 된다. 타인에게 인정받지 못하면 우울해지고, 자존감이 점점 떨어진다. 남의 눈에 좋아 보이는 삶이 진정한 행복을 주는 것은 아니다.

실제로 수십만 팔로워를 가진 인스타그램 인플루언서가

갑자기 모든 사진을 삭제하고 "인터넷상 완벽한 삶을 따라 하려 했지만, 가식적인 삶에서 행복을 찾을 수 없었다."고 고백한 사례도 있다. SNS에 쌓아 올린 행복은 모래성과 같아서, 아무리 높게 쌓아도 쉽게 무너진다.

  진정한 행복은 타인에게 증명할 필요가 없다. 요즘 나에게 SNS는 그저 활동의 기록, 공유된 일기장이다. 연락이 뜸한 사람들에게 생존 신고처럼 소식을 전하는 창구로 쓰려고 한다. 가끔은 스마트폰을 두고 그냥 순간을 즐기려 한다. 사진 찍기 위해 포즈를 취하기보다, 맛있는 음식을 제대로 음미하고, 아름다운 풍경을 내 눈과 마음에 담으려 한다. 그 순간을 어떻게 느끼고 남길지, 행복은 내가 결정하는 것이다. 진짜는 증명할 필요가 없다.

"진짜는 증명할 필요가 없다."

장서우, 더는 나를 증명하지 않기로 했다

불안: 시작도 끝도 없는 노후 준비

존재 증명, 돈

얼마 전에 지인들과 만나 대화하면서 요즘 가장 걱정하는 것에 관한 이야기를 나누었다. 속을 모르겠는 사춘기 자녀 걱정, 점점 좁아지는 직장 내 입지에서 오는 불안, 예전 같지 않은 체력, 너무 오른 집값에 대한 한숨으로 이어졌다. 누군가 말했다.

"난 솔직히 노인 빈곤이 제일 걱정돼. 돈도, 관계도 빈곤한 거."

다들 할 말을 잃고 고개를 끄덕였다. 갑자기 지나간 모든 걱정이 작게만 느껴졌다.

도시에서 살다 보면 절실히 느끼게 되는 게 있다. 도시 환경에서 돈은 생존의 필수적인 도구이자 우리의 존재를 증명하는 수단이 되었다는 사실이다. 도시환경은 모든 것을, 돈을 주고 구입해야 하기에 생활물가가 높다. 돈이 없어도 무언가 된다는 사실이 의아하게 들릴 정도로 돈 없이는 아무것도 되지 않는 환경이다. 또한 성공의 정도를 구체적으로 측정하는 척도이다. 돈은 주거, 교육, 교통 등의 삶의 영역뿐만 아니라 문화, 관계, 커뮤니티에 이르기까지 엄청난 영향을 미친다. 경제적 지위가 곧 사회적 지위로 인식되곤 한다. 돈이 많다는 것은 곧 좋은 주거지에 살고, 높은 수준의 교육을 받았으며, 안정적인 직업을 가졌음을 의미하고, 사회적 존경이나 인정과 직결된다. 돈이 최고의 가치를 갖는 그야말로 물신 사회이다.

대부분의 자본주의 사회가 그러하겠지만 우리나라에서는 그 경향이 특별히 더 강하다. 국제 조사에서도 세계 17개국 중 한국만이 '물질적 풍요(돈)'를 삶을 의미 있게 만드는 1위 요소로 꼽았다고 한다. 다른 나라 사람들이 가족 등의 관계, 직업적 성취 같은 개인적 가치를 우선시했지만, 우리는 그 무엇보다 경제적 풍요를 가장 중요하게 여겼다. 22년에 조사한 연구에 따르면 대학생의 89%가 대한민국

에서 가장 중요한 가치는 돈이라고 답했다.[1]

　우리 사회에서 한국의 노인 빈곤 문제는 이미 심각한 사회적 과제다. 2023년 노인 빈곤율은 38.2%로 OECD 평균의 세 배 수준이며 특히 여성(43.2%)과 76세 이상 고령층(52%)의 빈곤율은 더욱 심각하며, 독거노인의 경우 빈곤율이 71.8%에 달해 더욱 우려스럽다. 고령 인구가 급증하고 있지만, 국민연금 등 사회 안전망은 미흡해 이 문제는 앞으로 계속해서 더 악화될 가능성이 크다. 줄어든 인구로 연금의 소득대체율이 떨어지는 미래도 문제지만, 늘어나는 노인 빈곤은 사회의 지속가능성을 약화시킨다. 사회복지 등 사회적비용과 불안정성이 높아지고, 세대 간 갈등으로 확장될 수 있다. 준비 없는 노후를 맞은 부모 세대를 돌봐야 하는 은퇴 세대의 부담이 가중된다. 오래 살고, 늦게 독립하는 요즘 시대에 아무리 준비해도 은퇴는 여전히 막막하게 느껴진다. 돈이 가장 중요한 사회에서 돈을 벌 수 있는 직업을 잃는다는 것은 엄청난 의미가 있다. 일자리는 한 사

1　지용근, "한국 대학생의 사회 의식과 생활 조사," 문화선교연구원, February 16, 2023, accessed June 7, 2025, https://www.cricum.com/future/?bmode=view&idx=14246903.

람의 정체성과도 맞닿아있다.

밀려난 사람들의 현실

50대에 주된 일자리에서 이른 퇴직을 하는 경우가 많아지고 있다. 한국 보건사회연구원이 '신중년'이라고 부르는 50세 이상 퇴직자들의 현실은 생각보다 훨씬 가혹하다. 2024년 조사에 따르면 중장년층 80%가 평균 51세에 직장을 떠나고, 그중 60% 이상이 비정규직으로 재취업한다.

트랙에서는 밀려났지만 계속해서 경기장을 뛰고 있는 셈이다. 그들에게는 아직도 달려야 할 이유가 남아 있다. 아직 공부가 끝나지 않은 자녀나 연로한 부모님을 모셔야 하는 이중의 부담이다. 또한 연금을 받기까지 한참의 시간이 남았고, 막상 연금을 받아도 생활하기에는 턱없이 부족하기에 어떻게든 좀 더 돈을 벌어야 한다.

대기업에서 30년을 보내며 IMF 위기도 견뎌내며 임원 자리까지 올랐던 아버지도 이른 나이에 정년퇴직하셨다.

비슷한 상황의 친구들 이야기까지 전해 듣곤 한다. 아직도 일하고 계신 분들이 간혹 계시는데, 원래 일하던 직장이나 분야와는 매우 거리가 멀다. 60대까지는 세일즈나 사무장 같은 사무직에 가까운 일을 할 수 있었지만 70대가 된 후에는 아파트 경비원이 최선이라고 했다. 그나마도 일할 수 있는 사람이 몇 없어 부러워들 한다. 월급은 예전의 3분의 1도 안 되고 사회적 지위는 말할 것도 없지만, 소득을 벌고 출근할 수 있다는 것만으로도 감사하다고 말한다.

가족 관계의 변화

퇴직 이후에는 가정에서의 위치도 흔들린다. 퇴직자들의 인터뷰를 보면 공통적인 내용이 있다. 가족과의 소통이 서투르고 어색하다. 집에 있는 시간이 길어지면서 자신도 모르게 잔소리가 많아지고, 사소한 일에 짜증을 내거나, 가족들의 평범한 말에 상처를 받기도 한다고 했다. 퇴직 후 위축된 마음과 가장으로서의 정체성에 혼란을 느낀다. '돈을 못 벌어온다고 그러는 건가.'하는 오해와 속상함이 정제되지 않은 채 튀어나왔다.

다들 은퇴 후 처음 몇 개월은 해방감에 여행도 다니고 골프도 쳤지만, 점점 무기력해졌다. 사실 대부분의 취미와 인간관계가 회사와 연결되어 있었기 때문에, 회사를 떠나자, 그것들도 함께 사라졌다. 대부분 퇴직 후 바쁜 '허니문' 기간이 끝나고 나면 매일 아침 일어나 도서관으로 출근하는 일상을 보낸다. 도서관에서 신문을 보거나, 책을 읽고, 비슷한 처지의 다른 신중년들과 어쩌다 만난다. 무료한 시간을 보내기 위해 자격증 공부를 하기도 하고, 인문교육 같은 무료 강좌에 나가 보기도 한다고 했다. 일을 하지 않으면 소득이 줄어드는 것도 문제지만 그 시간 동안 자꾸 돈을 쓰게 되어 생활비가 늘어나기 때문에 급여와 상관없이 출근할 곳을 찾아 시간을 보내라는 충고를 하는 전문가도 있다.[2]

주변에서 시간을 죽이느라 애쓰는 퇴직자들을 보면 문득 일 없이 시간을 보내는 것이 어렵겠다는 생각이 들었다.

---

[2] 데일리어썸 DAILY AWESOME, "100만원으로도 노후에 평생 먹고 살 수 있는 이유? 당장 시작해야 할 가장 확실한 노후준비 방법 (이기훈 작가 3부)," YouTube video, n.d., accessed June 9, 2025, https://youtu.be/ZumlPbw6k50

내가 원하는 노후의 모습은 어떤 것일지 떠올려 봤다. 평생 열심히 일하고 마침내 시간이 생겼는데, 이제는 그냥 시간을 보내는 삶을 살아야 하는 걸까?

공간에 따른 차이

은퇴한 부모님은 평생을 살아온 서울을 떠나 경기도 남양주 수동면으로 이주했다. 덕분에 나 또한 도시와 농촌의 은퇴 양상이 얼마나 다른지 실감할 수 있었다. 도시에서의 퇴직과 달리, 농촌에서는 정년의 개념이 느슨했다. 마을에서 '젊은 사람' 취급을 받으며 할 일이 많다고 했다. 예를 들면 지역 노인회 사무국장으로 일해달라는 요청을 받거나, 남양주 시에서 제공하는 교육을 받고 에코 해설사가 되는 일 등이었다. 어머니는 취미로 해왔던 한국무용을 동네 아이들 방과후수업에 가르치는 강사가 되었다. 아버지는 고로쇠 수액 채취하는 시즌에 한두 달 배송 접수를 하거나 과수원에 물주기 같은 아르바이트 자리도 심심치 않게 얻어서 용돈을 버셨다. 작은 텃밭에서 먹을 채소를 기르기도 하지만, 이웃들이 나눠주는 것만으로도 두 분의 반찬거리는 충분하다고 하신다.

"그 복잡한 서울에서 어떻게 살았나 몰라. 여기선 마음이 편해."

어느새 동네 사람들과 <수동살림여성연대>나 인문학 공부 모임도 만들고, 마을공동체 활동도 하는 등 오히려 왕성한 사회생활을 즐기고 계신다. 그러면서 요새처럼 편안했던 때가 없는 것 같다고 말하는 두 분은 시간의 주인처럼 보인다.

시골, 로컬이 완벽한 은퇴지라는 것은 아니다. 수입 기반이 취약해 빈곤율도 높은 것도 사실이다. 하지만 적어도 사회적 역할과 소속감을 유지할 수 있다는 점에서 도시보다 은퇴로 인한 충격이 작다. 이런 차이를 보면 은퇴 후의 삶이 단순히 개인의 준비 문제가 아니라, 어떤 환경과 공동체에서 살아가느냐에 따라 크게 달라진다.

존재를 확인하는 방식이 다르다. 도시의 환경이 개인을 경제적 교환의 대상으로 간주한다면, 로컬의 환경은 개인을 관계적 협력의 주체로 바라본다. 도시에서 자신의 존재가치가 상대적 우월(더 많은 돈, 더 높은 스펙)로 증명된다면, 로컬에서는 '마을 안에서 누구와 어떻게 연결되고, 무슨 도움을 주고받는가?'라는 공동체 맥락에서 드러난다. 인간은 '필요로서의 자신'을 확인하고, 자신도 '타인을 위해 봉사한다.'는 기쁨을 얻는다. 간혹 공동체 안에서 개인에게 과도한 의무나, 요구가 심해지기도 한다. 하지만 행동과 협력으로 서로를 드러내고, 연대 속에서 존재의 의미를 찾는 방식은 도시와 로컬의 다른 점이다. 이러한 '관계·활동 중심'의 삶은 은퇴자들도 로컬의 일부로 존재하며 로컬의 일원임을 자각할 수 있도록 한다.

인생 2막, 그리고 3막

은퇴는 끝이 아니다. 공직자로 평생 일하던 지인은 퇴직 후 취미였던 목공을 살려 작은 목공방을 열었다. 수입은 대단치 않지만, 하고 싶었던 일을 하며 제2의 인생을 살고 있다. 은퇴 이후 새로 태어난 것 같다며, 그동안 느끼지 못했던 성취감을 지금은 오히려 더 많이 느낀다고 말한다.

하지만 이런 인생 2막도 영원하지는 않다. 보통 80세가 넘으면 건강 문제로 인해 자의든 타의든 또 다른 변화가 찾아온다. 이를 인생 3막이라고 할 수 있을까? 소득과 무관한 자원봉사나 사회 활동도 '나이가 많다.'는 이유로 점차 할 수 있는 곳이 없어진다. 건강에도 이상 신호가 켜지고, 주변 지인들이 하나둘 세상을 떠나면서 심리적으로도 약해진다.

결국 외할머니를 요양원에 모셨다. 아흔이 넘도록 저녁마다 집 근처 초등학교 운동장을 10바퀴씩 돌면서 평생 활기차게 주체적으로 살아오셨던 분이 이제는 휠체어를 타고 앉아서 하루의 대부분을 보내신다. 가끔 할머니를 뵈러 갈 때마다 드는 생각이 있다. '진짜 은퇴'는 우리가 일반적으로 말하는 직장에서 은퇴가 아니라, 삶의 주체성을 지키기 어려울 때이다. 그 시기 후에도 평균적으로 10년에서 20년은 더 살아야 한다는 사실은 더 큰 불안으로 다가온다.

불안이라는 기회

은퇴 후의 불안은 실로 견디기 어려운 감정이다. 주변의 은퇴자들을 만나볼 때마다 비슷한 고백을 듣는다. "앞으로 무엇을 해야 할지 모르겠다.", "어떻게 살아야 할지 답답하다." 하지만 달리 생각해 보면, 이 불안은 어쩌면 새로운 기회이기도 하다.

우리는 너무 오랫동안 직함, 직위, 월급으로 자신을 정의해왔다. 그것들이 모두 사라진다 해도 결국 남는 것은 무엇인가. 무엇이 나를 나로 만드는가. 불안은 이러한 근본적인 질문을 던진다. 정신분석학자들이 말하듯, 불안은 진정한 자신을 찾기 위해 반드시 겪어야 하는 과정일지 모른다.

"앞으로 무엇을 하며 살까?"라는 질문과 "어떻게 살아야 할까?"라는 질문은 본질적으로 다르다. 전자는 기능적인 측면에 초점을 맞추지만, 후자는 삶의 태도와 방향성에 관한 것이다. 은퇴는 이런 근본적인 질문을 던질 기회를 제공한다.

EBS 다큐멘터리 '내 마지막 집은 어디인가?'를 시청했다. 노년의 마지막 거처로 병원, 자택, 요양시설이 제시되었다. 다큐는 마지막 시간을 어디서, 어떻게 보내고 싶은지 진지하게 질문했다. 그 생각을 구체화할수록 현재 무엇을 준비해야 하는지, 지금 무엇이 중요한지가 더 선명해진다. 중세 수도사들은 '메멘토 모리(죽음을 기억하라)'라는 말을 항상 되새겼다고 한다. 죽음을 기억함으로써 오히려 더 의미 있는 삶을 살 수 있다는 역설이다. 우리 삶의 마지막 지점에서 돌아봤을 때 후회 없는 선택을 하기 위해서는 지금 무엇을 해야 할지 생각해 보아야 한다. 그리고 그 장소는 어디일지도 자문해야 한다.

도시를 넘어서는 노후 준비

우리가 느끼는 노후 불안은 결코 막연하고 먼 이야기가 아니다. 생활비, 교육비, 부동산 대출 같은, 일상을 유지하기에도 빠듯한 상황에서 노후까지 준비하지 못하고 있다는 사실에 불안하고 걱정스럽기만 하다. 그러나 부모님과 주변 은퇴자들의 모습을 보면, 노후 준비는 단순히 돈을 모아두는 것 이상이다. 경제적 준비도 중요하지만, 충분하지는 않다. 은퇴 후의 관계, 역할, 의미를 어디서 찾을 것인지 미리 생각해 보는 것이 필요하다.

은퇴를 한 나는 어떤 모습일지 상상해 본다. 내가 짊어진 사회적 책임과 역할이 모두 사라진다면 어떻게 살아갈까? 자녀도 독립하고, 직장에서도 퇴직한다면, 어떤 모습으로 살아가게 될까? 잘 상상이 안 되지만, 전보다 많은 시간이 주어지는 대신 얻을 수 있는 소득은 적어질 것이다. 소득은 적더라도 하루하루의 생활에 큰 변화가 없길, 잔잔하고 평화롭게 흘러가길 기대한다. 여행도 취미생활도 하겠지만, 종국에는 조용한 생활로 마무리되었으면 좋겠다. 자연과 가까이에 있는 집, 안전하고 마음 편안한 사람들과의 관계, 마주하면 웃을 수 있는 가족, 건강하고 긍정적인 몸과 마음이 남았으면 좋겠다. 그런 노후의 모습을 생각하니 지금 안달복달하던 일들이 달리 보인다.

은퇴 이후의 삶을 그려보는 것은 자신의 본래 모습을 찾아가는 데 중요한 역할을 한다. 사회 속에서 살아가다 보면 누구든 자신을 잃고 사회 안에 매몰된다. 우리 모두 지금 어디로 달려가고 있는 걸까? 그리고 그 질주가 끝났을 때, 과연 우리는 어디에 도착해 있을까? 은퇴라는 불안은 사실 이런 근본적인 질문을 던지는 기회일지도 모른다. 어쩌면 지금 느끼는 이 불안이 좀더 진정성있는 삶으로 이끄는 나침반이 될 수 있지 않을까?

얼마 전 한 친구가 말했다.

"우리가 지금 열심히 모으는 돈이 과연 노후에 행복도 가져다줄까?"

질문이 마음에 남았다. 은퇴 후의 행복은 어쩌면 도시의 가치관으로는 측정할 수 없는 것인지도 모른다. 은퇴가 새로운 기회가 될 수 있는 이유는 삶의 제2막이라는 것도 있지만, 상황이 바뀌어도 내 안에 남아있는 변치 않는 정체성을 발견하는 계기이기 때문이다. 테세우스의 배가 나무 판자를 갈아 끼워도 계속 테세우스의 배[3]인 것처럼 말이다. 자신을 찾는 즐거움은 새로운 행복에 대한 가능성을 선사한다.

---

[3] 테세우스의 배에 관한 논증은 테세우스의 배가 모든 부품을 갈아 끼워도 여전히 테세우스의 배라고 불릴 수 있는가에 관한 논증이다. 사람도 몇 개월이 지나면 몸 속의 모든 세포가 새로운 세포로 변경되는데 여전히 '○○'이라고 불린다. 아리스토텔레스는 모든 것이 변해도 변치 않는 것을 실체라고 불렀다.

도시를 움직이는 힘: 비교와 경쟁

끝없는 레이스

도시는 하나의 거대한 경기장이다. 서둘러 걷는 사람들, 뛰어가는 사람들, 누군가를 제치고 엘리베이터를 걸어서 오르는 사람들을 볼 때면 나도 따라 속도를 올리게 된다. 저 끝에 무엇이 있는지 모르겠지만, 누군가 뛰면 나도 뛴다.

사실 경쟁 자체가 도시의 원동력이다. 도시의 에너지를 이루는 자원은 바로 이 끊임없이 달리는 사람들이다. 많은 사람이 모일수록 도시의 힘은 커지고, 그 힘이 주는 이점을 누리기 위해 더 많은 사람들이 몰려든다. 이런 순환 끝에 우리나라 인구의 절반이 수도권에 모여 사는 기형적인 구조가 만들어졌다. 서울을 중심으로 주변 도시들까지 팽

창하면서 전국 인구의 절반이 좁은 공간에 모여 살고 있다. 나머지 넓은 국토에는 인구가 희박하게 분포되었다. 과도한 집중은 끝없는 경쟁을 부추기고, 그 경쟁은 점점 더 치열해진다.

경쟁이 나쁘기만 한 것은 아니다. 경쟁 덕분에 우리는 세계에서 유례없는 성장을 이뤘다. 경제적 성취와 기술 발전 등 수많은 이점을 만들어냈다. 하지만 경쟁의 대가는 혹독하다. 늘 경쟁에서 이겨야 한다는 압박감, 조금이라도 뒤처지면 안 된다는 두려움이 사회 전체를 지배한다. 뒤처진 이들을 낮게 보는 일도 비일비재하다.

척도 위에 선 삶

경쟁에는 두 가지가 필요하다. 비교와 평가. 타인과 비교하면서 끊임없이 우위를 확인하려 한다. 성적, 직급, 자산 등 다양한 기준으로 줄을 세우고, SNS에서도 끝없이 비교하며 자신을 평가한다. 비교는 더 나은 결과를 위한 원동력이 되지만, 그 끝에는 피로와 불안이 남는다.

도시에서는 모든 것이 비교 대상이다. 성적, 직급, 연봉, 자산 규모뿐만 아니라 행복조차도 비교한다. 인간의 가장 주관적인 경험인 행복까지도 객관화하여 누가 더 행복한지 경쟁하는 아이러니한 상황이다. 내 주변과 비교하고, 인스타그램의 지인들과 비교하고, 심지어 '엄마 친구 아들' 같은 추상적 존재와 비교하며 불안을 키운다.

비교를 통한 평가로 사람들은 자신의 위치를 정한다. 좋은 대학, 좋은 직장, 높은 연봉 등 객관식의 정량화된 사회적 기준이 만들어진다. 누구에게도 똑같이 들이댈 수 있어야 좋은 기준이고 공정한 척도로 인정받는다. 모두가 똑같은 척도 위에 서서 평가받는다. 하지만 막상 기준을 통과해도 크게 달라지는 것이 없다. 다음 기준이 또다시 등장할 뿐이다. 끝없이 채우고 넘어야 할 기준점들을 통과해야 한다. 그 기준이 부합하지 못하면 실패자라는 압력을 준다. 실패를 피하기 위해 사람들은 끊임없이 긴장하고 완벽을 추구한다. 작은 실수나 시행착오도 줄이기 위해 온 가족이 달려들어 챙기고 돕는다. 마침내 모든 기준을 통과한 뒤에는 자신이 정말 원하는 것이 무엇인지조차 잊어버리게 된다.

실패가 허용되지 않는 사회

 우리는 경쟁은 장려하지만, 실패는 용납하지 않는 사회에 살고 있다. 지체와 실패는 불필요한 것이기에 할 수 있는 모든 방법을 동원하여 미연에 방지한다. 최대한의 효율로 시간과 에너지를 아껴 성공하는 것이 미덕인 사회다. 실패해서는 안된다는 긴장감은 사회 전반을 흐르고 사람들의 몸과 사고 모두를 경직되게 만든다. 그렇게 애를 써서 얻고자 하는 것을 생각해보면 결국 안정된 삶, 좋은 직업이다. 물론 자신의 생계를 책임지는 일은 너무나 중요하다. 하지만 생계가 행복의 충분조건은 아니다. 잘먹고 사는 것만으로는 행복할 수 없다. 삶의 목표, 바라는 삶의 방식, 그리고 자신을 찾는 과정이 필요하다. 하지만 그게 어디인지 또 누구인지, 그 목적지는 저마다 달라야 한다. 서로 다른 사람들이 각자 왜 사는지, 어떻게 살고 싶은지를 묻는 문제에는 정답이 없는 것이 정상이다. 이 문제의 답이 정해져 있다고 믿을 때, 하나의 답만이 옳다고 믿는 사회는 끝없이 치열하고 한없이 불행하다. 1등을 제외한 모두가 실패자가 되어야 한다면, 끊임없는 경쟁에 지치고 신물이 난 청년들은 더이상 미래를 계획하고 싶어하지 않는다.

베스트셀러 작가인 마크 맨슨은 《세계에서 가장 우울한 나라를 여행했다》에서 대한민국 사회를 비판했다.[1] 그는 우리 사회를 '실패와 헤맴이 금지된 사회'라고 표현했다. 그 영상 속 대한민국은 낯설면서도 익숙했다. 생존에 대한 위협을 기저에 둔 채 어린 시절부터 끝없는 경쟁에 내몰리고, 조금의 불편함이나 시행착오도 허용되지 않는 사회. 열심히 했지만, 얻은 게 별로 없다는 허무함에 빠진 사람들의 모습이 고스란히 담겨 있었다. 모든 것을 희생한 대가는 누구에게도 받을 수 없다. 문제가 잘못되었다는 생각이 아니라, 틀린 자신을 탓하는 사람들은 무기력증을 동반한 우울

---

1   한영혜, "美 유명작가, 한국 여행 뒤 '세계에서 가장 우울한 나라네요.'," 중앙일보, January 28, 2024, accessed June 7, 2025, https://v.daum.net/v/20240128145926671.

증을 겪을 수밖에 없다.

지도를 그리는 삶

뇌를 연구하는 물리학자 정재승의 강연을 묶은 저서인 《열두 발자국》에는 낯선 도시에서 무작정 헤맨 경험이 등장한다.[2] 어딘지 전혀 모르는 낯선 도시에서 어디로 가야 할지, 어디인지도 몰라 마구잡이로 돌아다녔더니 하루 만에 그 도시를 속속들이 잘 알게 되었다는 것이다. 길을 잃고 헤매는 과정에서 도시의 지도가 머릿속에 선명히 새겨졌기 때문이었다. 헤매는 것이 명확히 알게 한다는 경험을 했다. 내가 원하는 것이 무엇인지 잘 모르겠다며 찾아온 학생들에게는 적극적으로 방황하는 기술을 배워야 한다고 강조했다. 나만의 지도를 만드는 가장 빠른 방법은 길을 잃고 방황하는 것이다. 충분히 자신의 지도를 그려보지 못한

---

2 정재승, "첫번째 발자국: 선택하는 동안 뇌에서는 무슨 일이 벌어지는가," in 열두 발자국 (서울: 어크로스, 2018), 54.

사람은 남의 지도를 기웃거리게 되고 자신의 선택에 늘 불안과 의문을 품게 된다. 남들이 뭘 하는지 보고, 남들 가는 데로 몰려다니면서 집단 안에서 안전함을 느끼는 삶은 결코 충만한 행복에 다다를 수 없다. 남의 지도를 들고 길을 찾는 내가 있을 뿐이다.

우리 앞에 주어진 것은 풀어내고 채점해야 할 시험지가 아니라 완성해야 할 지도였다. 학창 시절 내내 객관식 시험지에 익숙해진 나는 인생에도 정답이 있을 거라 믿었다. 하지만 실제 삶은 그렇지 않았다. 같은 문제라도 상황에 따라 답이 달라지고, 때로는 문제 자체를 다시 정의해야 했다.

삶은 남이 그려준 지도를 보고 정해진 목적지에 도달하는 여정이 아니다. 내 길의 지도는 내가 직접 그려야 한다. 경험을 통해, 실수를 통해, 시행착오를 통해 내 손으로 완성해 가는 것이 인생이다. 내가 진짜 바라고 원하는 삶은 어떤 것인지 찾는 과정, 실수하고, 넘어지고, 헤매더라도 내 길을 찾아가는 과정이 필요하다. 모든 보물 지도는 가본 적 없지만 가상의 목적지를 설정한 지도다. 가본 적 있는 보물 지도는 더 이상 보물 지도가 아니다. 가본 사람이 있다면,

그곳에는 보물이 없을 것이기 때문이다. 진정한 나 자신이야말로 보물이다. 진정한 나를 안다면, 남의 시선이나 사회의 척도에서 벗어나 나의 행복을 만들 수 있다.

 도시는 모두를 비슷한 방식의 경쟁으로 끌어들일 것이다. 경쟁에서 이기는 것보다 중요한 것은, 어떤 경쟁에 참여할지 스스로 선택하는 것이다. 모든 레이스에 뛰어들 필요는 없다. 모든 레이스에서 승리하기를 바랄 수도 없다. 때로는 경기장 밖으로 나와 숨을 고르고, 내가 정말 달리고 싶은 트랙이 무엇인지 생각해 볼 시간과 여유가 필요하다. 좋은 방법은 지금의 나를 만든 익숙한 환경을 벗어나 새롭고 낯선 곳으로 가는 것이다. 환경이 바뀌어야 제대로 헤맬 수 있다.

2장
낯선 곳에서 나를 만나다
의도를 가진, 선택과 자유

삶의 주인으로

처음 마주하는 고독

평생 살아온 서울을 떠나 낯선 땅에서 외국인 노동자가 되었다. 하루 아침에 벨기에로 파견되었다. 일터만 벗어나면 나를 아는 이가 한 명도 없는 세상이었다. 현지의 교포 사회와도 닿지 않았다. 처음엔 '갑자기 죽어도 아무도 모르겠지.'하는 생뚱맞은 불안감에 시달렸다. 아무도 나를 모르고, 나도 아는 사람 하나 없다는 사실에 존재하지만 보이지 않는 투명 인간이 된 것만 같았다. 궁금해하는 이도 없었고, 먼저 다가가 말할 이유도, 방법도 없었다. 낯선 세상에서 덩그러니 던져졌다는 생각에 존재 자체가 흐려지는 것 같은 외로움과 소외감을 느꼈다.

한 달, 두 달 지나면서 아무도 내게 관심 두지 않는다는 사실에 점차 익숙해졌다. 반갑게 인사를 하고, 친절하게 문을 잡아주고, 날씨 이야기로 잡담을 나누는 사람들 속에 있었지만, 누구도 나를 의식하지 않았다. 왜 의식하지 않는다고 느끼는지 생각하다 이곳에서는 아무도 나를 평가하지 않는다는 사실을 깨달았다. 비교를 통한 평가는 사람을 인식하는 가장 익숙한 방법 중 하나였다. 관계 속에서 우위가 누구인지 보고, 기능적으로 대상을 판단했다. 내 나름의 잣대로 비교하고 평가하는 것을 그 사람에 대한 관심으로 착각하고 살아왔다. 외모부터 사는 곳, 회사, 하는 일까지 나 혹은 누군가와 비교하고 평가한 뒤에 적당한 위치에 세워두고, 우리 사이의 관계까지 정리되어야 비로소 존재로 인식되었다.

인종부터 국적과 성별, 나이, 배경 모든 것이 다른 사람들이 모여있는 곳에서는 어떤 비교도, 평가도 불가능했다. 같이 일한다 해도 한 회사도 아니어서 하나의 평가 기준으로 성과 평가조차 할 수 없었다. 누구도 나를 평가하지 않았고, 나도 평가의 눈으로 그들을 보지 않았다. 하나의 프로젝트를 위해 모인 팀의 구성원으로서 서로의 역할을 확인하고 맡은 일을 해낼 뿐이었다. 그 이상은 궁금해하거나 의미를 두지 않았다. 처음에는 무관심이 건조하고 차갑게 느껴졌지만, 어느 순간 자유가 찾아왔다. 예전의 나와는 처음으로 단절되었다는 사실은 모든 것을 새롭게 했다.

가족과 친구, 동료를 비롯한 이전의 사회적 관계, 주변의 시선에서 완벽히 자유로웠다. 내가 아는 모두와 멀리 떨어져 있었다. 내가 어떤 사람인지에 대해 단서도 없었고, 누구도 궁금해하지 않았다. 전과 다른 행동, 전과 다른 생각은 오직 나에게만 새로울 뿐, 주변 사람에게는 어떤 의미도 없었고 아무도 기대하지 않았다. 나도 모르게 주변의 기대나 예상을 의식하며 살아왔었다는 것을 자각했다. 어깨에 짊어지고 있는지도 몰랐던 짐을 내려놓은 듯 머리가 가벼워지고 몸도 자연스러워졌다. 처음부터 속해있지 않기에, 어떤 이유에서건 배척될 일도 없었다. 있는 그대로의 나, 그들의 눈앞에 있는 나로 충분했다.

삶의 주도권 찾기

낯선 환경, 새로운 생활에 적응하는 과정을 통해 알지 못했던 나의 모습을 발견했다. 내가 의외로 조용한 편이라는 것을 새롭게 알게 되었다. 하루 종일 말 한마디 하거나 아무도 만나지 않아도 그다지 괴롭지 않았다. 살면서 그랬던 날이 단 하루도 없었기에 그런 성향일 거라 상상조차 해보지 않았다. 요리를 좋아하고 곧잘한다는 것도 알게 되었다. 한국 음식이 귀하고 비싼 벨기에, 터키에서 먹고 싶은 것을 직접 만들어 먹게 되었다. 전화 한 통이면 식탁 앞에 대령하던 짜장면이 너무 먹고 싶어 춘장을 사서 직접 만들어 먹은 적도 있다. 3시간이 넘게 걸렸지만, 끝내 완성해 냈다는 사실에 뿌듯하고 만족스러웠다. 점점 나아지는 실력에 스스로도 놀라웠다. 나와 친해지는 과정이었다.

일에서만큼은 앞만 보고 달리는 습관을 버릴 수 없었지만, 달라진 환경에 맞는 새로운 리듬이 생겼다. 업무에서는 전보다 큰 책임을 졌지만, 일과 삶을 구분할 수 있었다. 압박감에서 벗어나 조금은 자유로워졌고. 쉬는 것도 효율적으로 해야 한다는 생각에서 벗어나자 가까운 자연 속에 조용히 머무는 것에서도 진정한 쉼을 느꼈다. 큰맘 먹고 떠나는 화려하고 멋진 여행이 아니라 가까운 도시를 탐험하며 걷는 것도 즐거웠다. 비싼 물가 덕에 뭐든 절약했고 단순하고 소박한 생활에 익숙해졌다. 무엇보다 보이지 않는 이들과 경쟁하지 않았다. 나이에 맞는 자산 규모, 소득 수준 같은 기준점에서 내가 얼마나 떨어져 있는지 확인하며 조바심 내지 않았다. 주변의 시선이나 평가에서 자유롭게 내 생각대로 판단하고 결정하면서 생활은 단순하지만 충만해졌다. 처음으로 내 삶의 주도권을 가졌다. '지금 여기'를 온전히 살아갈 수 있었다.

서울에서는 미래를 위해 현재를 살았다. 다음을 위해 지금을 쪼개 쓰는 것이 당연했다. 대출을 받고 서울 아파트 한 채를 마련하고, 어떻게든 지키려 숨 가쁘게 오가던 일상이 떠올랐다.

유럽에서는 굳이 수도에 머물러야 한다는 생각을 고집하지 않았고, 국경조차 큰 의미가 없어 보였다. 네덜란드 사람이 벨기에에서 일하거나 기차로 독일에 출퇴근하는 일이 아무렇지 않았다. 당연한 명제라서 반문조차 해본 적이 없었던 서울살이, 도시의 소시민으로 버티며 살아가는 것에 대해 생각해 보게 되었다. '서울이 아니어도 살 수 있을까?'하는 의문이 처음으로 떠올랐다. 마치 영화'인셉션'의 꿈속 사건처럼 '탈서울'에 대한 열망이 조금씩 자라났다.

  귀국할 날이 다가오자 다시 예전 삶으로 돌아가야 한다는 생각에 한숨부터 나왔다. 벨기에서 보낸 단순하고 충만한 시간은 삶에 대한 관점을 바꿔놓았고, 불가역적이었다. 다시 전처럼 무작정 달리면서 살아갈 수 없었다. 내 삶의 주인처럼 살고 싶었다.

  서울이란 경주장에 다시 입장한 순간, 달리지 않을 수 없을 것이었다. 다른 삶에 대한 구체적인 대안은 없었지만, 해외에 계속 거주하고 싶지 않았다. 해외 생활이 주는 필연적 긴장에서 벗어나고 싶었다. 편안하게 우리말을 쓰고, 걱정 없이 병원에 가고, 국민으로서 당당하게 행정서비스를 이용하고 싶었다. 고민 끝에 우선 돌아가서도 1년만 더 이방인의 삶을 이어 가보자는 결론을 내렸다. 내심 정해둔 정착지는 제주였다. 서울과 가장 먼 곳이었다. 말이 통하는 내 나라에서 이방인처럼 살아보겠다는 시도, 해외 체류가 아니었다면 불가능했을 로컬 이주였다. 낯설지만, 너무 다르지 않게. 살아보니 로컬은 유럽과 많이 닮아 있었다.

로컬로 이민가자

  1년여의 제주 생활을 거쳐 나는 정읍에 정착했다. 제주와 정읍은 전혀 다른 지역이다. 둘 다 나에게는 유럽만큼이나 낯선 환경이자, 각자의 특색을 유지한 로컬이었다. 서울 토박이였던 내가 느끼기에 로컬은 서울보다는 유럽과 비슷한 점이 더 많았다.

  먼저 하늘을 크고 넓게 볼 수 있다. 서울에서는 고개를 한참 꺾어도 고층빌딩에 가려 하늘이 좁았다. 하늘을 올려다볼 여유나 시간도 없었다. 기껏해야 점심시간에 잠깐 햇볕을 쬘 뿐이었다. 유럽에서도 일을 하지 않았던 것은 아니지만, 고개를 들어 어디를 둘러봐도 탁 트인 하늘이 보였다. 바쁘게 걷지 않아도 되는 유럽에서 하늘을 올려다보는 버릇이 생겼다. 한 번씩 하늘을 쳐다보면 시끄럽던 머릿속, 요동치던 마음이 가라앉았다. 로컬에서도 하늘과 가까이할 수 있다는 것이 가장 먼저 반가웠다. 오히려 유럽에서보다 더 찬찬히 열심히 하늘을 볼 수 있었다. 아침 햇살은 가늘게 부서지며 반짝이는 크림색이었고, 해가 질 때의 하늘은 붉은색부터 연보라색까지 총천연빛이었다. 비 온 뒤 맑게 갠 하늘이 얼마나 눈과 마음을 개운하게 하는지, 구름 한 점 없이 파란 하늘이 얼마나 높은지 매번 감탄했다. 하늘은 항상 아무렇지 않게 변했다. 퍼붓던 소나기도 곧 멈추고, 맑은 하늘도 어느새 검게 물들었다. 더위도, 추위도 그때는 영원할 것 같이 맹렬했지만, 늘 끝이 있었다.

끊임없이 변하지만 늘 같은 자리에 있는 하늘을 올려다보면서 나는 조금 더 편안하고 약간 무딘 사람이 되었다. 전보다 안달복달, 노심초사하는 일이 줄었다. 불안하고 우울한, 분노하고 괴로운 날이 없진 않았지만, 그 또한 날씨 같다는 생각이 들었다. 하늘을 올려다보면서 이랬다저랬다 하는 기분에 덜 휘둘리게 되었다. 로컬의 하늘이 준 기대치 않았던 선물이었다.

두 번째는 지역이 가진 장소성이다. 서울에서는 아파트 단지와 집값 등락 말고 그 동네를 기억하는 일이 드물었다.

거주지에 대한 질문은, 자산 수준을 묻는 의미가 됐다. 같은 동네 사람을 만나더라도 반가움은 잠시, 위치와 입지를 가늠해 보며 비교했다. 반면, 유럽에서 사는 곳, 도시는 문화를 의미했다. 어떤 문화와 분위기에서 살고 있는지를 알 수 있는 정보가 되었다. 나고 자란 도시, 살고 있는 동네에 대해 말하는 유럽 사람들의 얼굴에는 자부심이 느껴졌다. 도시들은 저마다 역사나 스토리를 알리고 컨텐츠로 만들어 특색과 개성을 드러냈다.

  로컬도 마찬가지였다. 나는 소개할 기회가 있으면 꼭 제주에서 살았다거나 정읍에서 왔다는 말을 먼저 꺼내곤 한다. 그러면 놀라울 정도로 자주 지역과 연결된, 인연이 있는 사람들을 만났다. 부모님의 고향이라던가, 여행 갔다는 정도의 먼 인연일지라도 로컬에 대한 이야기를 통해 좀 더 가까워지는 느낌이었다. 꼭 그 지역이 아니어도 반경 100km 이내까지는 얼마든지 허용되는 듯한 느낌이었다. 정읍에서 왔다는 말에 본인의 고향은 광주광역시라며 반가워하는 식이었다. 그 둘은 서로 다른 자치도에 속하는 엄연히 다른 지역이지만, '생활권'으로 묶인 로컬의 관계망은 행정구역을 넘나들었다. 보이는 정보와 교환한 명함으로 서로를 탐색해야 하는 순간, 로컬은 연결고리가 될 수 있는 정보이자 대화의 소재가 되었다.

이야기가 녹아 있는 로컬

스쳐 가듯 지나치면 비슷비슷해 보이는 로컬이지만, 자세히 들여다보면 저마다 다른 분위기와 문화가 있다. 지명부터 역사적 인물과 사건, 유적지까지 로컬의 구도심에는 '발에 채일 만큼' 다양한 컨텐츠와 재미있는 이야기가 넘쳐났다. 그저 낡아 보였던 건물이 일제시대 상점가 외관에 80년대에 유행에 따라 타일을 붙였다는 사실을 알고 나면 색다르고 신기했다. 고대부터 근대에 이르는 역사의 배경이자 민족종교에 이르기까지 오래된 점포, 장소마다 컨텐츠가 숨어 있었다. 알고 봐야 달리 보이는 것들이었다. 하천을 따라 천변에는 걸을 수 있는 산책로가 조성되어 있고, 아침저녁 걷고 뛰는 사람들이 늘 있었다. 도심에서 가장 가까운 산이나 7~8층 건물만 올라가도 로컬의 풍경이 한눈에 들어왔다. 유럽만큼 고풍스럽지는 않지만, 집과 나지막한 건물이 아기자기 모여 있는 로컬의 풍경은 소박하고 아름다웠다.

로컬의 유러피언 생활

로컬에는 '저녁이 있는 삶'이 있다. 밤에 해야 할 일이 별로 없다. 서울의 밤은 낮보다 화려했고, 아무리 늦어도 손님으로 들어갈 수 있는 곳이 있었다. 밤늦게까지 야근하고 돌아가는 길이면 불을 환하게 밝힌 가게며 술집들이 즐비했다. 가게에는 사람들이 모임을 가졌다. 노는 것도 좋지만, 뭔가 해야 한다는 생각에 참여하는 모임들로 저녁 시간이 분주했다. 그때만 해도 상사가 퇴근하기 전까지 사무실에 남기도 하고 원치 않는 회식이나 술자리에 참여하는 것을 사회생활로 알았다.

벨기에에서는 하고 싶어도 회식을 할 수 없었다. 아주 드물게 현지 동료끼리 서로 초대하는 자리도 몇 차례 있었지만, 취할 때까지 술을 마시거나 불편하게 자리에 남아 있어야 하는 일은 없었다. 야근은 거의 불가능했다. 시간을 잊고 진행하던 회의 중에 건물 관리인이 찾아와서 부랴부랴 정리해야 했던 적도 있었다. 밤 8시 넘으면 대부분의 상점이 문을 닫았다. 폐점 시간을 앞둔 마트에서도 경비원이 쫓아다니며 빨리 나가라고 할 정도였다. 손님보다 종업원들의 저녁 시간을 더 소중하게 여기는 듯한 모습에 충격을 받았다. 나중에야 정규 근무시간 이후에 야근 수당이 굉장히 높아서 사업주 입장에서는 차라리 문을 닫는 게 낫다는 이야기를 현지 지인에게 듣긴 했다. 하지만, 무엇보다 저녁 시간은 가족과 함께, 자신을 위한 것이라는 상식이 통용되는 사회였다.

인구가 급감하고 고령화되었기 때문이겠지만 로컬 역시 밤늦게까지 영업을 하는 곳이 많지 않다. 해가 지면 거리에 사람들이 점점 줄어들고 가게의 불도 꺼진다. 금세 어두워진 거리를 떠난 사람들의 긴 저녁 시간을 채우는 것은 탁구·배드민턴·볼링 같은 운동이나 악기 연주 같은 문화예술

동호회들이었다. 의외로 도시보다 생활 문화화동호회가 활성화되어 있다. 도시만큼 트랜디하게 새로운 스포츠나 운동을 접할 수는 없지만, 오랜 역사와 전통을 가진 스포츠 클럽이 활발하게 활동한다. 클래식뿐만 아니라 실용 음악 악기 연주 동호회나 성인을 대상으로 한 댄스 스포츠 학원까지 다양했다. 삼삼오오 모여서 걷거나 밤 산책을 하는 사람도 많았다. 야근이 전혀 없는 직장은 없겠지만, 그게 당연한 것은 아니었다. 특별한 일이 없는 한 정시에 퇴근하는 게 대부분이었고, 줄어든 관계로 인해 거절하지 못해 참석하는 모임이 없어지다 보니 로컬의 저녁 시간 역시 내가 선택하고 결정할 수 있었다.

무엇보다 누구와 비교할 필요도 없다는 점이 같았다. 저마다 다른 속도로 살아도 별문제가 없을 만큼 사람들 사이가 멀찍이 떨어져 있었다. 고독하며 자유로웠던 해외 체류의 기억이 나를 로컬로 이끌었다. 둘 다 낯선 환경이라는 점이 같았다. '꼭 서울이어야 할까?'라는 의문에 대한 답을 찾으려 정착한 로컬에서 나는 내 속도대로 살아도 별문제가 없다는 것을 한 번 더 체감했다. 로컬에서도 비교가 불가능했다. 로컬에서 평생 살아온 사람들과 이제 막 머물기 시작한 나의 상황은 비교가 되지 않았다. 과거 서울과 현재 로컬의 삶은 속도부터 방향까지 너무 달랐기에 비교할 수 없었다. 비교하고 견주는 것이 불가능한 상황이 주는 자유가 있었다. 전처럼 일렬로 줄 서서 비교 평가할 수 없었다. 앞을 막연하게 부러워하거나, 뒤처질까 불안해 조바심칠 필요가 없었다. 그냥 내 식대로 살아가는 것. 내가 생각한 행복을 구체적으로 만들어가는 과정이 만족스러웠다. 남들과 똑같이 살지 않아도, 아니 오히려 그렇기 때문에 더 편안할 수 있었다.

나는 똑같았지만, 로컬이라는 환경에서 나는 다르게 살아갔다. 다르게 살아도 괜찮다. 4년 유럽·터키 생활 후 제주를 택했을 때, 주변 모든 사람과 나 자신조차도 잠깐일 거라 생각했다.

"잠깐 쉬었다가 돌아오는 거니, 괜찮아."

생각과 관점이 달라지자, 다시 예전으로 무작정 돌아갈 수 없었다. 환경이 달라지자 다른 것들이 보였다. 누군가가 정해둔 결승선을 향해 달리는 것이 무의미하다고 느낀 이상, 자석처럼 이끌려 되돌아가는 것은 불가능했다. 이젠 내 삶의 이유와 목적을 직접 정하겠다고 마음먹었다. 마땅한 답은 없었지만, 확실한 건 서울이 아니라는 결정이었다. 1년이 지난 후에도, 우린 로컬에 더 살아보기로 했다.

선택할 수 있는 자유

나는 서울에서 태어나 자랐다. 함경도에서 피난 내려온 친가와, 일찍 강화도에서 부천으로 이주한 외가를 둔 덕에 친척 대부분이 서울과 수도권에 살았다. 해외로 이민 간 친척은 여럿 있었지만, 지방엔 아무도 없었다. '고향'이라는 단어는 내게 공백이나 다름없었다. 그러다 지방 출신 남자친구(이후 남편)를 만나며 고향의 의미를 알게 됐다. 10대 후반에 서울로 온 그는 이미 서울에 산 기간이 꽤 길었기에 자취하는 것을 제외하면 '서울 촌놈'인 나와 평소엔 별반 차이를 느끼지 못했다. 함께할 미래를 이야기하던 어느 날, 혹시라도 어려운 상황에 닥치게 되면 어떻게 할지 이야기를 나누었다. 이런저런 생각 끝에 그가 최후의 통첩처럼 말했다.

"다 안되면 고향으로 내려가지."

동의 여부를 떠나, 고향으로 내려가는 게 삶의 옵션 중에 있다는 사실이 생경했다. 딱히 물려받은 것 없는 베이비붐 세대인 내 부모님은 평생 성실히 직장 생활을 했고, 서울의 아파트 한 채를 마련했다. 하지만 아무리 오래 살았어도 그곳은 고향이 아니라 부동산이었다. 우리 가족에겐 내려갈 고향이 없었다.

만약 '다 안되는 상황'이 온다 해도. 어떻게든 제 자리에서 버텨내야지 다른 옵션은 없었다. 한 발 뒤로 갈 여지가 전혀 없으니, 부모님은 항상 최악의 상황을 염두에 두고 살아오셨으리라. 어떻게든, 무슨 방법을 쓰든 반드시 가족이 발붙인 곳만큼은 사수하셨다. 앞으로 나아갈 뿐 뒤로는 갈 수 없다는 마음으로 살아왔을 것이다.

고향, 돌아갈 곳이 있다는 뜻은 무엇일까? 고향이 있다고 말하는 사람은 나고 자란 동네에 가족이 더 이상 살지 않아도, 몇 년 동안 찾아가지 않았어도 고향은 돌아갈 수 있는 곳이라고 했다. 시작점이자, 다시 도전하게 하는 원점 같았다. 반면 '절대로 고향에는 돌아가고 싶지 않다.'는 사람도 있었다. 돌아가고 싶지 않은 곳이라고 하더라도, 확실한 고향을 가졌다는 방증이기도 했다.

'마음의 고향'도 있다. 학교에 다녔던 도시, 일 때문에 한동안 머물면서 정이 든 지역도 고향이었다. 부모님 같은 멘토의 집이나, 귀촌한 친구의 집을 떠올리며 고향이 있다면 이런 걸까 되묻기도 했다. '언제고 마음 편히 가고 싶은 곳.' 내가 고향에 대해 질문할 때 대부분의 사람은 표정에 그리움과 아련함이 묻어났다.

고향의 새로운 정의, 마음을 '비빌 언덕'

고향은 법적 구속력이 있는 국적이나 장소는 아니다. 증명서나 증거가 필요하지 않고, 반드시 태어난 곳이어야 한다는 법도 없다. 내가 정의한 고향은 태어난 지역, 자라온 동네 이상, 마음을 '비빌 언덕'과 비슷하다. 나고 자란 곳이 아니라도, 어떤 계기든 호감을 갖게 된 도시나 특별한 인연을 느낀 지역, 심지어 살아보고 싶은 곳도 고향에 포함될 수 있다. 삶이 힘들 때, 바다가 보고 싶다. 라고 하거나, 넓게 펼쳐진 들판 같은 공간을 생각하는 것도 비슷하다. 굳이 '제2의' 같은 수식 없이 여러 개의 고향을 갖는 것도 가능하다. 고향 같은 마음이 들면, 어디든 내 고향이 될 수 있다.

서울에서 태어난 나의 고향은 정읍이다. 정읍에서 지낸 10년이 지금의 나를 만들었다. 그곳에서 쌓은 경험과 통찰은 과거 너머 지금과 미래의 내게 계속해서 영향을 준다. 또 다른 고향은 벨기에 브뤼셀이었다. 브뤼셀에 거주하지 않았다면 존재와 환경에 대해 지금처럼 인식하게 할 수 없었을 것이다. 생애 가장 중요한 전환을 만든 곳이다. 귀국 이후 가장 먼저 찾아갔던 로컬, 아무 연고도 없지만 무작정 살아보고 싶어 머물렀던 제주도도 내 고향이다. 내 손으로 선택했던 첫 번째 환경이었던 제주에서, 나는 삶의 주인으로서 원하는 대로 헤매며 살아볼 수 있었다. 환경을 비롯해 모든 것이 낯선 곳에 던져졌을 때 진정 자유로울 수 있다는 것을 배우는 시간이었다. 말이 통하고, 이방인으로 긴장하지 않아도 되는 '적당히' 낯선 환경에서 나는 마음 깊이 자유로웠고, 고독과 함께 충만했다. 내가 결정한 자리에 설 수 있고 어디든 갈 수 있다는 생각을 직접 실천해 본 끝에야 비로소 불안을 벗고 만족을 얻었다.

까딱 잘못하면 영영 돌이킬 수 없을 거라 믿으며 살았던 불안과 초조함에서 벗어나, 그냥 좀 앉아 쉬었다 가도 괜찮다는 체험을 통해서였다. 도시가 씌운 안경을 벗어야, 그 이외의 것이 보인다. 그럴 수 있는 여유와 시간을 주었던 모든 장소가 나의 고향으로 남았다.

고향은 "잠시 멈춰도 된다."고 말해주는 곳이다. 가깝고 작게는 부모님이나 할머니 댁을 떠올려보자. 무리할 필요 없이 편안하고 안락한 곳, 마음의 안정을 주는 장소인 고향은 심리적으로 '잠시 멈춤'이 주는 여유를 준다.

찾아야 보이는 고향

고향은 주어지는 것이 아니라 찾아나가는 장소이다. 나 같은 경우 낯선 장소에서 헤매며 자유를 얻었고, 긴장감과 실수할 자유를 얻었다. 이전의 나와 단절된, 새로운 내 모습을 만날 수 있는 기회를 얻었고, 낯선 환경에서 머물며 나를 돌아본 시간은 전과 다른 생각과 나를 만들었다. 이방인으로 머물면서 계속해서 실수하고 방황하며 길을 찾는 과정을 통해 낯설었던 그곳이 결국 고향이 되었다. 반대로, 어떠한 이유로, 나고 자란 동네에서 벗어나고자 하는 사람들에게는 출생지가 고향이 아니다.

새로운 고향은 운명에 의해 주어지는 곳이 아니라 내 손으로 직접 선택하고 만들 수 있다. 어디서 다시 태어날지 정할 수 있다. 너무 멀지도, 완전히 다르지도 않은 안전함이 있지만 지난 관계와 생각으로부터 단절되어 자유를 주는 환경, 도시인이라는 정체성을 벗어나, 나를 발견할 장소인 로컬은 최적의 '새 고향'이다.

3장
로컬살이,
지금 시작해볼까?

지금 로컬로 가야할 이유

나는 길눈이 어두운 편이다. 덕분에 길을 헤매던 사람들의 공통점을 알고 있다. '여기가 어딘지 알 것 같다'고 착각하는 순간부터 길을 헤매기 시작한다. 방황은 내가 여길 안다는 착각에서 시작된다. 안다고 생각해서 찍은 기준점이 틀리니 그 이후의 과정은 당연히 내 예상과 다르다. 헤매고 있다는 생각에 시야가 더 좁아지는 악순환에 빠진다.

역설적으로 헤매겠다고 마음먹고 나서면 오히려 길을 잃지 않는다. 지금 서 있는 곳을 모르기에 맹목적으로 나아가지 않고 주변을 관찰하기 때문이다. 여기가 어딘지 확인하고, 방향을 잡고 나서 출발한다. 엉뚱한 곳을 기준으로 잡는 실수를 하지 않을 수 있다.

낯선 곳에 도착해 첫발을 뗀다면 빨리, 잘 갈 욕심보다는 '헤매볼 결심'이 필요하다. 가장 빠르게가 아니라, 낯선 도시를 파악하고 기억하는 것이 목표라면 '헤매는 것'이 훨씬 좋은 방법이다. 관찰하고 살피는 과정을 즐기다 보면 목적지로 가는 길뿐만 아니라 낯선 동네를 속속들이 파악할 수 있다. 또한 실수하고 시도하면서 길을 찾은 경험을 통해 성취감도 느끼고, 자신감도 생긴다. 로컬에서 새롭게 경험하는 관계도, 낯선 자기 자신도 헤매야 찾을 수 있다.

사람과 시간이 자원이 되어 빠르게 돌아가는 도시 시스템 속에서 나의 존재는 희미했다. 개인으로서 나는 작고 약했기에, 더 크고 이름있는 조직에 속하길 원했고 그래야 안전하다고 생각했다. 더 오래 조직에 머물기 위해서는 조직의 목적과 목표를 향해 협력해야 했고, 그러려면 주관성을 너무 드러내지 않는 편을 선택했다. 개인적 감정을 너무 드러내지 않을수록, 조직과 사회에 더 잘 어우러질 수 있었다. 그러면서도 적당한 존재감은 필요했다. 너무 뒤처지지도, 너무 앞서가지도 않게 비슷한 높이를 맞추기 위해 늘 주변을 두리번거리며 나의 위치를 확인했다. 어렵게 도착한 그곳, 그 자리는 트레드밀 위에서처럼 계속해서 뛰어야 유지할 수 있는 것이었다. 나 자신의 필요성을 입증하고 조직에 꼭 필요한 자원, 쓸만한 부품으로 활용되기 위해 늘 최선을 다했다.

하지만 헤맬 결심으로 살아보려면, 주변이 아닌 나에게 집중해야 한다. 환경의 모든 것이 낯설고 새로운 가운데 오직 내 존재만은 그대로이다. 낯선 환경에서는 나 자신, 내 존재만 그대로이다. 내 생존과 만족에 의미가 있는 것이 무엇인지, 남이 아닌 내가 스스로 판단하고 결정해야 한다. 꼭 로컬이 아니어도, 새로운 환경이라면 가능한 변화다. 그러나 로컬은 낯설지만 안전하고 헤매도 무리가 없는 곳이다. 우리 곁에서 가장 쉽게 도달할 수 있는 '신대륙'이다.

1. 존재 자체에 대한 관심과 환대

"여기 분 아니시죠?"

낯선 말투가 들리면 로컬 사람들은 어김없이 묻는다. 처음에는 한두 마디로 정체가 드러난 것 같아 당황할 수 있다. '당신 여기 사람이 아닌 거 다 알아.'라는 뉘앙스로 들릴 때도 있었다. 하지만 시간이 지나면서 자연히 알게 된 것은 그저 다르게 들려서 되물었을 뿐이라는 사실이었다. 두어

마디 짧은 말에서도 이질감을 감지한 이들이 무심코 던진 질문이었다. 로컬은 변화가 적은 환경이니, 낯선 존재가 주는 환기 효과가 크다. 나의 사회적지위나 역할, 배경이 아니라 그저 존재 자체에 대한 관심과 호기심이다. 누가됐건 새롭다는 이유로 알아보고, 인식된다.

관광지가 아닌, 현지인들이 많이 찾는 작은 식당이나 가게를 몇 번 연속으로 가면 질문을 받기 한다. 때로는 예의나 체면상 먼저 말은 못 하고 궁금한 시선을 던지는 경우도 있었다. 그럴 땐 분위기를 봐서 내가 먼저 말했다.

"여기 살아보고 싶어 외지에서 이사 왔어요."

십중팔구 반가워했다. 운 좋으면 오지랖 넓은 동네 지인을 만들 수도 있었다. 왔다갔다 몇 번에 인사만 잘해도 금방 얼굴을 익히고 아는 체를 한다.

"그동안 왜 안 왔어요?"

인사하는 사이가 된다.

2. 자기 탐구 생활

전혀 살아보지 않은 곳에서 살겠다는 결심은 기존 삶의

관성을 벗어나겠다는 선언이다. 우리는 의지의 산물이기도 하지만 환경의 결과물이기도 하다. 지금까지 누군가 만든 설명서대로 사는 데 익숙해져서 다른 길을 보지 못했다면, 스스로 환경을 설계해 보는 기회를 로컬에서 얻을 수 있다. 누구도 의식할 필요 없이 텅 비어 있는 하루를 '내가 원하는 삶은 무엇인가?'에 대해 탐구하는 시간으로 채워본다. 정말 내가 원했던 것에 귀 기울여볼 여유가 생긴다.

자신에 대한 지식은 열심히 생활한다고 쌓이지 않는다. 나를 들여다 볼 시간이 필요하다. 특히, 일도, 사회생활도, 혹은 가족과 떨어지는 시기가 온다면, 어떻게 살지. 어떤 삶을 만들고 싶은지 정해보기에 가장 적절하다. 그러려면 내가 가장 행복했던 일, 나에게 의미 있었던 관계와 만남에 대해 떠올리고 글을 써보는 것도 도움이 된다. 당장은 막막하기만 한 미래를 계획하기보다는 과거에서 답을 찾아야 한다. 급하게 마음먹지 말고, 긴 하루를 의미로 채우는 연습이라고 생각하며, 해야 할 일로 빽빽했던 시간과 그래서 정말 남은 게 무엇인지 반추해 본다.

무엇보다 고독에 익숙해져야 한다. 낯선 곳에서 사회적

관계 없이 진공상태처럼 지내보면, 때론 소외감과 외로움이 밀려온다. 그러나 '아무도 아닌', '아무 기대도 없는' 상태여야 내가 누구인지 진지하게 탐구할 수 있다. 어디서든 가능하지만, 오랫동안 살아온 곳, 도시 환경은 전과 다르게 살도록 놔두지 않는다. 나는 내 의지의 결과이기도 하지만, 환경의 산물이기도 하다. 뭐든 작은 생각이라도 떠오르면 해보고, 없으면 생길 때까지 일상을 살아내는 데 몰두한다. 하루를 어떻게 보낼지를 고민하는 삶을 살아본다. 헤매기로 작정했으니, 실패해도 괜찮다. 실패도 계획의 일부다.

3. 신선한 식재료와 제철 음식

로컬의 밥상은 철마다 싱싱한 식재료를 손맛으로 요리한다. 산지에서 식탁까지가 인접한, 그야말로 '재료가 다하는' 밥상이다. 절기마다 나는 제철 재료로 만드는 '철드는 음식'을 즐길 수 있다. 예컨대 겨울엔 서리 맞은 배추에 송어회를 싸 먹고, 봄철엔 여린 쑥과 새싹보리을 넣은 된장국, 냉이와 알을 품고 꿈틀대는 쭈꾸미를 된장 푼 국물에 살짝 데쳐 먹는다. 여름엔 고구마 순으로 만든 김치와 보리밥, 짭조름한 우렁된장 등을 찾는다. 사실 대단한 요리가 아니어도 된다. 지역 대표 음식은 종종 기대에 못 미칠 때도 있지만, 동네 사람들이 즐겨 찾는 백반집은 결코 실패가 없다. 윤기가 잘잘 흐르는 햅쌀에 그날그날 바뀌는 반찬만으로도 상이 가득 찬다. 도시와 비슷한 가격이라도 신선도와 맛은 비교가 안 된다. 로컬에서는 계절이 식탁으로 온다.

계절과 절기가 그대로 밥상에 녹아들 때, 사람은 자연의 리듬을 온몸으로 느끼게 된다. 도시에서는 대형마트가 사시사철 같은 재료를 공급하지만, 로컬에서는 '지금 이 시기에'만 나는 재료가 자연스럽게 식탁에 올라온다. 그 과정을 통해 사람은 밭과 들, 숲과 바다에서 무슨 일이 일어나는지 몸으로 체감한다.

겨울엔 눈 내린 배추와 서리 맞은 무를 떠올리고, 봄에는 어린 냉이, 쑥, 두릅을 본다. 여름에는 푸릇푸릇한 잎채소나 고구마 순, 가을엔 붉게 익은 열매와 단풍 든 산야초가 풍성해진다. 이렇듯 식재료가 통째로 계절을 품고 있기 때문에, 한 끼 식사를 통해서도 자연이 어떻게 변하고 있고 무

엇이 무르익었는지 알 수 있다. 자연은 '보는 것'이 아니라 '함께 살아가는 것'이 된다

 도시에서야 주말마다 가까운 공원이나 여행지로 떠나야 자연을 실감하지만, 로컬에서는 집 앞에 펼쳐진 들판, 마을 어귀의 강물이 식탁과 직결된다. '자연을 느낀다.'는 것이 별다른 행사가 아니고, 하루하루 구체적으로 실천되는 삶의 방식이 된다. 자연의 흐름이 자기 삶과 분리되지 않는다는 감각또한 생긴다.

시간의 주인으로 거듭나기

 인간은 시간이라는 바탕 위에 존재한다. 시간은 물건처럼 주어진 자원이 아니라, 내가 살아가는 리듬이다. 도시의 바쁜 흐름 속에서는 시간을 객관적이고 한정된 것(언제까지 얼마 남았다는 식의 수치로 환원할 수 있지만)이지만, 로컬에서는 '내가 오늘 어떻게 살아가겠다.'는 주관적 선택이 시간의 흐름을 결정한다.

도시에선 지하철 시간·출근 시간 등 일정에 따라 시간을 잘 관리하는 것이 자원을 잘 활용하는 능력이었다면, 로컬에서는 스스로 결정해야하는 여백을 채우는 힘이 필요하다. 시간의 여백이 커져야 나 자신과 내가 진짜 원하는 삶의 방식을 찾을 수 있다. 새벽에 일찍 일어나 활동을 시작할 수도 있고, 밤늦게 책을 읽는 것도 괜찮다. 중요한 건, 내 리듬에 맞춰서 시간을 쓴다는 사실이다.

도시에서는 흔히 돈이 시간이고, 시간이 곧 돈이다. 시급·월급, 그리고 더 많은 성과를 위해 시간을 쏟아야 역설적으로 더 많은 시간을 벌 수 있다. 로컬에서는 시간은 곧 돈으로 환산되는 것이 아니다. 도시의 생활에 익숙하다면 당연히 이질감이 들 수 있다. 시간을 벌기 위해 돈을 벌고, 시간을 쪼갤 필요 없이, 충분한 시간을 누리는 삶이 로컬에서는 가능하다.

1. '해야 한다.' 목록보다 '하고 싶다.' 목록 먼저 쓰기

도시에서 우리가 시간을 쫓긴다고 느끼는 이유는 해야 할 일이 너무 많기 때문이다. 로컬에 와서도 도시의 관성에 따라 산다면 효율적이지 않은 인프라 덕분에 오히려 일에 치일 수 있다. 매일 아침이나 전날 저녁에, 오늘은 내가 무엇을 하고 싶은가를 먼저 적어본다. 예컨대 산책하기, 책한 장이라도 읽기, 낮잠 자기 등. 그다음에 꼭 해야 할 일, 필요한 일을 배치해 본다. 작은 차이지만, '하고 싶다.'가 시간을 이끄는 느낌을 얻게 된다.

2. 계절과 일상의 리듬 맞추기

로컬에서는 계절이 변할 때마다 달라지는 것들이 확연히 보인다. 자연이 삶에 끼치는 영향이 훨씬 커진다. 계절의 변화나 날씨, 절기 등에 민감하게 반응하게 된다. 도시의 부속품이 아닌 자연의 큰 흐름에 순응하고 교감한다. 인위적인 '분·초' 단위 대신, 느리지만 유연한 주기로 시간을 쓸 수 있다.

3. 허용된 '빈칸 시간'을 즐기기

도시에서 시간 공백이 생기면 사람들은 초조해한다. 뭐라도 해야지 시간을 낭비해서는 안 된다는 생각이 든다. 늘 뭔가로 가득 채워졌던 시간표에 빈틈은 뭔가 빼먹거나, 아깝게 흘려보내는 자투리 같았다. 로컬에서는 일부러라도 '아무것도 안 하는 시간'을 가져야 한다. 소소하게 몸을 쓰는 일을 하면서 잡념을 날리거나, 어디든 잘 조성된 둘레길을 여유 있게 걷다 보면 생각도 마음도 밝고 건강해진다. 명상처럼 머리를 비우고 호흡에 집중하며 자신을 들여다보게 된다.

로컬에서는 개인과 시간의 관계가 도시에서와 다르다. 시간과 관계의 여유를 통해 자기 결정권을 가지며, 비로소 시간이 자원이 아닌, 삶의 한 부분으로 누릴 수 있게 된다.

로컬에서 커리어 전환:
가볍게 시도하기

일에 대한 다른 접근

'정읍시 블로그 서포터즈 기자단'은 내가 로컬에서 처음 맡은 공식 역할이다. 전문 인플루언서가 많지 않았던 10여 년 전, 여러 시군에서 시민을 대상으로 SNS 기자단을 모집했다. 정읍시 곳곳에도 기자단 모집 현수막이 내걸렸다. 그때 내 블로그는 해외 생활과 육아 이야기를 소소하게 기록한 다이어리 수준이었다. 정읍시를 서포트하기엔 한참 부족하단 생각이 없지 않았지만, 활동계획서를 나름대로 정성껏 쓴 덕에 최종 선발됐다. 정읍시 공식 블로그에 글을 올리는 시민 기자로서, 정읍의 매력·정책·역사 명소 등을 알리는 일을 하게 되었다. '정읍시 서포터즈' 배너와 '기자

방경은' 서명이 붙은 내 포스팅이 시 공식 블로그에도 올라갔다. 시장 직인의 위촉장과 대대적인 위촉식, 그리고 담당 공무원의 '기자 대접'도 의욕을 한껏 높였다. 중학교 때 교지 편집부 이후 처음으로 얻은 기자 직함에 책임감과 자부심까지 생겼다.

블로그 글이 공식 페이지에 게시될 때마다 소액이지만 활동비도 지급됐고, 다양한 체험활동이나 팸투어에도 간혹 초대받았다. 시에서 만들어준 명함을 들고 나름 취재활동도 했다. 로컬 살이 초창기, 정착을 고민하던 시기에 '서포터즈 기자'라는 안경을 쓰고 지역의 곳곳을 탐험했다. 평소보다 더 큰 관심을 가지고 정읍 곳곳을 살펴보는 계기가 되어 주었었다. 처음엔 눈에 들어오는 예쁜 장소 위주로 포스팅했지만, 점차 아이들을 동반한 방문자의 관점으로 정읍을 관찰했다. 1살과 3살 영유아를 보육하던 나부터 주말마다 나갈 나들이 장소가 필요했다. 주말, 평일 할 것 없이 유모차를 밀고 다니면서 직접 경험한 정읍의 이모저모를 블로그에 올렸다.

진짜 공감은 직접 체험해 봐야만 가능하다. 시각장애인

의 어려움을 이해하기 위해 안대를 차고 촉각에 의지해 생활하는 체험처럼, 유모차를 밀어봐야 2cm 턱이 주는 불편과 좌절을 절감한다. 로컬은 녹지공간이 충분하다고 생각했지만, 실상 걸음마 아이와 함께 걸을 수 있는 안전한 길은 찾을 수 없었다. 보도와 차도가 불분명해 유모차를 끌기엔 위험했고, 시내 상점가는 기저귀 갈거나 수유할 수 있는 공간이 없었다. '귀한 아기'라며 추켜세워 주는 것 같았지만, 어린 아기를 데리고 있는 엄마가 선뜻 들어갈 만한 곳은 드물었다. 가족 친화적으로 살아갈 줄 알았던 로컬에서 오히려 난관을 만났다. '도시에서라면 집 근처 쇼핑몰을 찾아 문화센터를 다니고, 시원한 에어컨 아래 편안하게 유모차를 밀 수 있을 텐데' 하는 아쉬움이 커졌다. 새롭게 친구를 사귈 시간을 내거나 멀리 움직이기 어려운 시기에 친정도, 친구도 없는 낯선 동네에 홀로 사는 것은 무인도의 고립 같았다. 주변을 돌아봐도 같이 하소연할 아기 엄마 친구는 쉽게 찾을 수 없었다. '육아 우울증'인지 모를 무력감과 외로움도 커졌다.

그러던 어느 날, 지역신문에서 정읍에 영유아를 위한 특별한 공간이 생겼다는 기사를 보았다. 키즈카페나 문화센터도 없던 동네에 영유아 공간이라니, 눈이 번쩍 뜨였다. 당장 택시를 타고 찾은 곳은 내장상동 주민자치센터 1층에 '영유아 플라자'라는 공간이었다. 신발을 벗고 들어가자, 어린아이들이 자유롭게 기어다니고 있는 모습이 눈에 들어왔다. 벽에는 충격 방지용 보호 패드가 둘러져 있었고, 한쪽엔 장난감과 책장, 작은 부엌 시설과 전자레인지, 수유 공간까지 있었다. 아이들을 위한 귀여운 화장실도 실내에 있었다. 구석구석 모든 게 아이와 엄마를 위한 환경이라 그저 반가웠다. 나처럼 영유아를 데리고 온 엄마들이 모여 있었다. 자연스럽게 아이를 데려온 엄마들과 이야기를 나누고 어울렸다. 그들과 시간을 함께 보내며 지역 정보를 얻고, 정읍에서 아이 키우기를 구체적으로 구상할 수 있었다.

얼마 후 이 공간이 '마을만들기 정책' 덕분이란 걸 알게 됐다. 생전 처음으로 정부 정책이 목마른 나에게 딱 맞춰 전해진 한 잔의 물처럼 다가왔다. 이렇게 국민에게 직접적이고 즉각적인 도움을 주는 정책이라면 세금을 내는 것이 아깝지 않겠다는 생각이 들었다. 마을만들기에 대한 궁금이 일었다. 이름부터 새로웠다. '마을은 이미 있는 거 아냐? 이미 있는 마을을 또 만들어?'라는 의문이 들었다.

영유아플라자를 기획하고 운영진으로 활동하던 선희언니가 종이 한 장을 내밀었다. '마을만들기 중간 지원 조직'이라는, 읽을 수는 있지만 이해하기 힘든 단어가 적힌 서류였다. '발표하고 소개하는 일'을 잘해줄 사람을 찾는다고 했다. 해외 영업을 하며 숱한 PT와 회의 자료를 만드는 건 익숙했으니, 뭔지는 잘 몰라도 해보기로 결심했다.

알지도 못하는 새로운 일에 선뜻 도전했던 가장 큰 이유는 마을만들기에 대한 궁금증 때문이었다. 영유아 플라자 덕분에 경험한 마을만들기를 통해 나도 세상에 필요한 것을 만들어 보고 싶었다. 회사에서 더 많은 수익 내고 이익률을 높이기 위한 영업, 마케팅을 하면서 '버는 일'에 지쳤다. '적절하게'에는 적정한 자원을 투입해서 최대의 효과를 낼 수 있도록 하는 기획이 필요했고 도움이 필요한 이들에게 더 잘 다가갈 방법을 찾아야 했다. 마을만들기란 살기 좋은 동네를 주민들의 힘과 실천으로 해보자는 의미를 담고 있었다. 그만큼 지역과 동네에 애정과 관심 있는 사람들이 모여서 해내야 하는 일이었다.

토박이는 될 수 없다는 현실

낯선 환경을 찾아 로컬에 왔던 내가 동네에 애정 갖고 활기를 불어넣는 일을 하게 되다니 아이러니했다. 로컬은 도시와 다르다. 오랜 세월 한 동네에서 거주하며 공동체의 일원으로 인정받고 소속되는 것이 매우 중요하다. 남들의 시선, 체면에 대한 감도가 매우 높다. 긴 시간 동안, 때로는 대대로 쌓아온 관계가 신뢰로, 사회적 자본으로 쓰인다. 어디까지나 '로컬에서 나고 자란 사람'의 경우이다. 외지에서 왔다면, 이번 생에는 '로컬'의 토박이가 될 수 없다는 사실을 인정해야 한다.

공동체의 일원이 되지 못한다고 해서 생존의 위협을 느낄 필요는 없다. 더 이상 울력으로 농사를 짓고 두레로 협동해야만 살 수 있는 하는 농경사회가 아니다. '여기 사람'으로 인정받지 못하는 설움이나 불이익은 실질적인 생존과는 무관하다. 오히려 장점으로 여기는 편이 이롭다. 언제건, 이동할 수 있다는 생각으로 로컬과 대등한 밀당을 하는 편이 더 낫다고 생각한다. 오히려 외부의 시각으로 로컬의 부족한 부분을 채운다면 더 현실적으로 편안한 로컬살이가 될 수 있다.

중간 지원 조직에서 했던 일은 처음에 들었던 것과는 매우 달랐지만, 다른 의미에서 잘 맞았다. 새로운 사람들을 만나고, 문제 해결을 위해 끊임없이 기획하고 실행하는 활동에서 성취감을 느꼈다. 10년 넘게 '마을만들기'와 관련된 일을 직업 삼아 살아오며 이제는 '전문가'란 말까지 듣기에 이르렀다. 우연처럼 로컬에서 진짜 커리어가 시작되었다. 세상에 있는지조차 몰랐던 일이 우연히 찾아와 내 직업이 되었다.

실제로 로컬에서 왕성히 활동하는 이들을 만나 대화해보면, 해당 지역 출신이 아닌데도 다른 분야 경력을 살려 새롭게 일하는 사례가 많았다. 정확히 맞아떨어지는 이력이나 경험이 없어도, 그동안의 경험을 재해석해 도전할 수 있는 일이 많다는 뜻이다. 자원 가운데서도 인력 자원이 가장 부족한 로컬에서는 꺼진 경력도 다시 봐야 한다. 그래서 기회가 닿을 때마다 말한다.

"로컬은 넓고, 할 일은 많다."

로컬에서 살기: 경력 다시보기의 가능성

도시와 로컬, 그 중간에서

돌아보면 내가 일하고 생각해 온 방식은 늘 '중간'에 머무르는 것이었다. 연구소와 영업·마케팅 사이를 오가며 양쪽을 해석하고 설명하는 일을 했다. 두 분야 모두 전문가라 할 수는 없었지만, 중간자 역할 덕분에 회사에서 쓸모가 있는 존재였다. 본사와 비영어권 시장 사이를 오간 덕에 해외 주재원 기회도 얻었다. 유럽에 있으면서도, 일은 한국에서 했다. 제주와 정읍에서 살 때도 몸은 로컬에 있었지만, 생각은 서울을 떠돌 때가 여전히 많았다. 그러다 운명처럼 '중간'이란 단어가 대놓고 들어간 조직, 중간 지원 조직을 만났.

'중간 지원 조직'이란 행정과 주민을 잇는 거버넌스 조직을 말한다. 행정의 주도로 추진되는 정책에 주민 목소리가 반영되도록 돕고, 행정의 정책과 기획이 주민 참여와 의견에서 시작되도록 돕고 구상한다. 알아서 도맡아서 일하기보다, 행정과 지역 현장이 더 잘하도록 보완하고 지원한다. 주민과 함께하지만, 실제 사업을 추진하는 주체는 아니고, 공무원도 아니지만 공공 예산 기획·집행·정산을 맡는다. 사회운동 같은 공적 가치를 지향하고 예산을 받아서 운영하지만, 기업처럼 지속가능성도 추구해야 하는 중간 지점이라 늘 고민이 많다.

로컬에 오기 전, 내가 알던 경제에는 기업과 소비자만 존재했다. 회사에 있을 땐 이익 극대화를 위해 고객을 분석하고 목표치를 세워 치열하게 경쟁했다. 지속 가능함이란 더 많은 자본을 계속해서 얻는 구조를 만드는 것으로 가능했다. 투자 자원으로서, 이익으로서 자본이 필요했다.

로컬의 중간 지원 조직에서 <사회적 경제>라는 말을 처음으로 접했다. 사회적 경제란 이윤이나 아니라 사회적 가치를 우선하는 경제활동과 조직을 말한다. 더 많이 남기는 게 목표가 아니라, 착하게 벌고, 잘 쓰는 과정에 집중한다. 사람 간의 협동과 관계가 투자가 되고 이익이 되는 마치 '자본' 같은 역할을 하기에 '사회적 자본'이라고도 한다. 그 과정에서 필수적으로 공적 예산이 필요로 하게 되는데, 이를 '잘' 쓰는 일이 중요하다. 세금으로 마련한 국가 예산은 도로나 공공건물 같은 하드웨어는 물론, 마을공동체 활성화를 위한 공모 사업·축제, 주민교육과 자치활동을 지원하는 등 소프트웨어에도 널리 쓰인다. 지역의 문제를 이런 자체 사업과 과정을 통해 해결할 수 있도록 돕는 것이 최근 정책의 방향이다. 행정의 연구와 기획으로 일관되게 추진하면 저마다 다른 현장과 지역의 문제를 해결하는데 한계가 있기 때문이다. 현장에 답이 있기에 그곳 주민의 요구와 목소리를 반영해야 한다는 목소리가 높아지면서, 중간 지원 조직의 전문성도 커지고 중요해졌다. 만약 로컬에 오지 않았다면 몰랐을 영역이다.

사회적 전망이나 의미도 중요하지만, 시골 외갓집도 하나 없던 내게 작은 소도시, 농촌 마을은 그 자체로 흥미로웠다. 정읍과 고창, 전북의 온 마을을 돌아다니며 다양한 사람들을 만났다. 로컬 마을마다 숨어 있던 보물 같은 이야기와 자원을 찾아내고, 그 속에서 뭔가 해보려는 열정과 에너지 넘치는, 정말 마을을 사랑하는 사람들과 교류했다. 처음엔 유람하듯 돌아다녔지만, 점차 지역 현실과 주민 어려움에 공감할 수 있었다. 이를 해결하기 위한 다양한 정책이 있었지만, 현장과 맞지 않는 것들도 많았다. 그 간극을 메우기 위해 공무원·지역단체·활동가들과 협력하며 지역 활성화를 위한 사업과 활동을 기획하고 실행할 수 있었다. 뿐만 아니라, 전북도청 블로그와 전북 문화관광 재단을 통해 마을과 마을 기업, 사람들의 이야기를 기고하고 연재했다. 지역 케이블 방송에서 <전라북도 생생 마을>을 소개하는 TV 방송의 진행자가 되어보기도 했다.

로컬이라는 낯선 환경에서 내가 했던 경험이 나를 새로운 세계로 이끌었다. 상상조차, 아니 세상에 있는지도 몰랐던 일을 지금껏 지치지 않고 해오고 있다. 내가 처음으로 일을 시작했던 정읍과 고창의 마을을 지원하는 중간 지원 조직은 사라졌지만, 이후 전라북도 농어촌마을을 지원하는 중간 지원 조직으로, 도시재생을 지원하는 조직으로 연결되고 확장되었다. 문화도시, 사회적경제, 시장 활성화, 소상공인 지원, 어촌 재생, 청년창업에 이르기까지 다양한 영역으로 연계되었다. 늘 다른 주제였지만 방향은 같았다. 좀 더 살기 좋고,

살고 싶은 지역을 만들기 위한 일이었다.

결국 나를 찾는 길

이전의 나였다면 상상조차 해보지 않은 일이었다. 한 번도 해보지 않은 일, 그것도 도와줄 관계나 배경이 없는 낯선 환경에서 어떻게 뛰어들었는지 지금도 신기하다. 하지만 모르는 환경이었기에 오히려 가능했다는 결론에 이르렀다. 낯선 일이었지만 오히려 그랬기에 좌충우돌하며 도전할 수 있었다. '처음이라 그럴 수도 있다.'는 생각에 실수가 두렵지 않았고 도전하는데 부담이 덜했다. 로컬이 준 기회를 통해 나는 내가 어떤 주제와 일에 흥미를 느끼고 전문성을 쌓고 싶은지 구체적으로 알게 됐다. 나는 사회를 이롭게 하는 일에 관심이 있다. 가치 있는 일에 참여하는 것에 보람을 느낀다. 더 많은 급여보다는 세상이 전보다 나은 곳이 되는 데 관심이 있다. 성장과 기회에 관심이 많다. 작은 것에서 큰 것까지 스스로 계획을 세워 실행하고, 결과를 피드백하는 일을 반복할 수 있었던 중간 지원 조직은 나에게 해볼 기회를 주었다. 현장 활동뿐만 아니라 경험을 통해 전문성도 쌓았다. 공무원·시민단체·주민 등과 협력하면서 소통과 협치에 대한 인식도 깊어졌고, 현재까지도 다양한 이해관계자들이 하나의 목적을 위해 협력할 수 있도록 돕고 있다.

유럽에서 서울로 바로 돌아갔다면 어땠을까 생각해 본다. 회사가 준 책임과 역할이 곧 내 능력과 가능성이라 짐작하고, 다시 해외 영업·마케팅 경력직으로 남은 커리어를 이어갔을 것이다. 회사나 조직이 정해준 쓸모가 사라져도 내 삶은 계속된다는 사실을 잊은 채 더 빠르게, 오래 달릴 방법을 찾아 애를 썼을지 모른다.

로컬에서 나의 커리어는 전환됐다. 내 경력이 영어, 해외라는 틀에 묶여 있지 않아도 된다는 사실을 깨달았다. 떠나야 비로소 보이는 것들이 있다. 낯선 로컬에서 내가 밟아온, 그래서 누구보다 잘 안다고 믿었던 나의 경력조차 새롭게 볼 수 있었다. 도시에서라면 어떻게든 이어갈 방법을 찾았을 해외 마케팅 경력을 내려놓았다. 그러자 '중간'으로서 해왔던 역할이 보였다. 내려놓아야 보인다.

 지금 나는 어디에 매이지 않고 자유롭게 일할 수 있다는 사실, 조직의 부속품으로 오직 이익을 위해 시간을 쓰지 않고 있다는 사실에 만족스럽다. 전보다 소득은 적어졌지만, 은퇴나 정년과 상관없이 계속하고 싶은 일을 찾은 것에 감사한다. 앞으로 나의 경험과 능력이 어떻게 쓰일지, 어떤 필요와 만날지는 또 알 수 없다. 다만, 도전하고 문을 두드려볼 뿐이다. 언제고 지난 경력을 내려놓을 각오를 한다. 경력과 이력 사이에서 내려 놓아본 경험과 필요에 따른 배움이 새로운 길을 만들었다. 나의 필요와 잘할 수 있는 일들을 만나고 연결하는 것이 계속해서 일하고 성장할 수 있는 방법이라고 생각한다. 새로운 길 앞에 도전할 수 있는 용기를 내는 것이 중요하다. 해봐야 할 수 있다. 두려움 없이 내려놓을 각오, 낯선 로컬이라면 가능하다.

로컬에서 살기: 창업

로컬의 한계를 기회로

 마을만들기로 시작해 농어촌공동체 지원, 도시재생 등 중간 지원 조직 관리자로 일한 지 7년쯤 지나서였을까. 재미와 보람이 없진 않았지만, 마음 한구석에서 '내가 직접 해보고 싶다.'는 갈망이 생겼다. 늘 중간자로서 행정과 주민을 연결하는 것에서 가치를 느꼈는데, 이제는 어느 쪽이든 내 손으로 해보고 싶었다. 그동안 여러 부처의 다양한 사업을 통해 지역 활성화와 재생을 외쳤지만, 결과는 아쉽고 부족했다. 공무원은 인사이동으로, 주민은 생업 탓에 전념하기 어려웠다. 중간 지원 조직은 지원 역할에 머물러야 했고, 사업을 맡은 업체는 수익성을 따졌다. 제대로 해보고 싶다는 생각에 답답함이 더해졌다. 더 늦기 전에 창업을 결심했다. '로컬을 좀 더 즐겁고 매력적인 곳으로 만들자'라는 생각으로 '어반 피크닉'이라는 상호를 지었다.

"친구와 가족이 여기에 많은데, 이왕이면 '엄마 밥' 먹으며 살고 싶어요. 근데 오래 일할 곳이 없어요."

"방과 후 교사나 파트타임이라도 경력을 살리고 싶지만, 이미 내정된 경우가 많더라고요. 제출한 이력서를 돌려주면 좋을 텐데 안 줘요. 사진까지 붙였는데 그게 아까워요."

" 면접보러가면 아버지가 뭐 하시는지 꼭 물어봐요. 기분 나쁘지만, 티 내기도 어렵죠."

"결혼 후 정읍으로 왔어요. 전에 하던 일을 다시 하고 싶은데, 아는 사람도 없고 어디서부터 시작해야 할지 모르겠어요."

주변의 여성 청년들과 나눈 이야기가 창업 불씨에 기름을 부었다. 지역에서 여성 청년은 가장 취약한 고리였다. 같은 기회가 있다면 '자리를 잡아야 할' 남성 청년에게 먼저 돌아갔다. 알음알음으로 전해지는 취업 정보에서 배제되거나, 면접 때면 결혼·임신 계획을 궁금해하는 시선을 받으면 분노하면서도 위축된다고 했다. 기획·디자인·콘텐츠 제작 분야같이 그들이 실력을 발휘할 수 있는 일자리 자체가 드물기도 했다. 무엇보다 포트폴리오가 중요한 직종들인데, 프로젝트 경험이 적으면 경력이 제대로 관리될 수 없었다. 더 힘들고 팍팍한 삶이라 해도 여성 청년들은 미래를 위해 도시로 향했다. 지금 이 순간에도 지역을 떠나는 청년의 대다수가 여성이다.[1] 가임기 여성 인구 통계나 지역 재생잠재력 지수 차원에서 여성 청년이 종종 거론되지만, 그저 출산 가능성만 기대한다면 지역의 미래는 단언컨데 없을 것이다.

고향을 사랑하며 남고 싶어 했던 많은 이들이 일자리와 경험을 찾아 서울·수도권으로 떠났다. 남은 이들이 고향에 머무르면서도 경력을 쌓고, 실패도 해보는 기회를 얻으면 좋겠다는 생각을 했다. 모든 도전에는 시행착오가 필요하다. 다행히 나는 중간 지원 조직에 속해 있는 동안 내가 생각한 것들을 시도하고 수정해 볼 기회가 있었다. 아무것도 검증되지 않았던 내게 기회를 주었던 로컬에 조금이나마

---

1 김동인, "청년인구 집중의 핵심 키워드, 20대 여성의 상경," 시사IN, November 15, 2023, accessed June 8, 2025, https://www.sisain.co.kr/news/articleView.html?idxno=51541.

보답하고 싶은 마음도 있었다.

창업을 통해 다른 이의 '비빌 언덕'이 되겠다고 마음먹었다. 지방·여성·청년을 돕겠다는 목표를 삼았다. '지방 여성 청년의 경제적 자립을 돕는 일 경험 만들기.' 사회적기업 어반 피크닉의 걸음마를 뗐다. 방송기자, 아나운서 경력의 컨텐츠 기획자, 진로탐색 청년, 서울마을종합지원센터를 거쳐 서울시청의 '어쩌다 공무원', 소통과 리더쉽 전문 강사이자 디자이너까지 합류하여 느슨하고 넓게 결합하는, 전국단위 점조직 '어피 크루즈'가 만들어졌다.

함께 꿈꾸는 공간

처음엔 사무실 없이 카페나 도서관을 전전했다. 임대료가 저렴하다고는 해도 괜찮은 오피스텔과 사무실의 고정비는 부담이었고, 어차피 외부에서 일하는 시간이 많을 거라 아깝게 느껴졌다. 하지만 그것도 잠시, 곧 법인 등기를 하려면 집이 아닌 사무실 주소가 필요하다는 사실을 알았다. 우리가 기획하는 교육·워크숍·공론장 등 행사나 외부

와의 회의조차, '어디서 하지?' 고민하는 것도 번거로웠다. 활동과 결과가 쌓이는 공간, 늘 바뀌지 않는 활동의 배경이 있으면 좋겠다고 생각했다. 마침, 전주에는 코워킹 스페이스가 몇 군데 생겼다는 소식이 들려왔다. 정읍에도 공유 사무실을 만들면 어떨까? 머리를 맞댔다. 정기적인 매출이 없는 청년에게 사무공간 고정비는 부담이었지만 공간은 필요했다. 가족을 비롯한 주변의 걱정 어린 시선으로부터 자유로운, 안전한 서식지가 필요했다. 간섭하고 제한하는 공적 예산 없이, 이익을 창출하면서도 너무 상업적이지 않게, 낮은 문턱으로 누구나 오갈 수 있는 곳이었으면 했다. 인터넷과 복합기, 큰 테이블, 커피메이커, 스피커 정도만 있어도 괜찮겠다는 가벼운 생각이 들었다.

여기저기 쓸만한 공간을 알아보다 취지에 공감하는 건물주에 닿았다. 면적대비 저렴한 가격에 오래된 상가 안쪽 공간, 자그마치치 145평을 덜컥 계약했다. 계약은 순조로웠지만, 오랫동안 비워져있던 공간은 생각보다 훨씬 더 심각한 상태였다. 환기를 해도 곰팡이 포자인지 먼지인지 눈앞이 부옇게 보였다. '이게 될까? 잘한 일일까?' 우선 저지르고 뒤돌아 물어보니 주변 모두가 고개를 가로저었다. 내부 리모델링 견적을 의뢰해 보니 무조건 평당 단가로 계산됐다. '이쪽만 조금, 저쪽은 그대로' 식의 선택은 무의미했다. 평당 금액을 곱하니 수천만 원이 훌쩍 넘었다. 정신이 번쩍 들었다.

그때부터 DIY 리모델링 공부를 시작했다. 유튜브·블로그·국내외 서적을 샅샅이 뒤지며 직접 바닥의 아트타일을 뜯고, 에폭시를 바르고, 벽에 페인트를 칠하고, 조명을 달았다. 어떻게 소식을 알았는지 "도와주고 싶다."는 전문가가 나타났다. 그는 에너지 소비를 최소화해서 냉난방 장치 없이도 쾌적할 수 있도록 설계된 패시브 하우스를 짓는 목수였다. 두둑한 일당을 줬지만 무더위에 멈춘 공사를 대신해 어피플의 수리를 아무 대가 없이 도왔다. 사다리조차 없던 우리에게 온갖 장비까지 가져온 그의 등장은 말 그대로 천군만마 그 자체였다. '사회적 자본'은 실제했다.[2] 그 외에도 여러 사람의 도움과 헌신으로 완벽하진 않았지만 '뭐든

---

2 사회적 자본은 개인 간 신뢰, 협력, 규범, 네트워크 등 무형의 자산을 통해 사회 구성원들이 공동의 목표를 효율적으로 달성할 수 있도록 돕는 자본을 의미한다.

해볼 수 있는 공간'이 탄생했다. 고생했지만 모두가 말렸던 엄청난 크기, 용도가 정해지지 않은 넓은 공간이 '어반 피크닉 플레이스(어.피.플)'의 가장 큰 장점이었다. 필요에 따라 어떻게든 배치를 바꿔 새로운 분위기로 만들 수 있었다. 사무실뿐만 아니라·교육·워크숍 장소로, 공연, 연극·북토크·영화 상영·콘서트·촬영 스튜디오·강연·마켓·클래스 등 다양하게 시도했다.

매일 출근할 공간이 생기자, 하나둘 오가는 사람도 늘고, 재미있는 기획도 이어졌다. 공방을 열기 전, 아이나 성인 대상으로 원데이 체험 프로그램을 해보거나, 액세서리나 굿즈를 숍인숍 형태로 판매해 보기도 했다. 사전에 교육을 받은 청년들은 우리가 진행하는 워크숍과 교육에 보조강사로 참여하며 일 경험을 쌓았다. 정읍산 귀리와 공정무역 견과류로 그래놀라를 만드는 쿠킹 체험과 공정무역을 배우는 교육 프로그램과 컨텐츠도 개발했다. 이후 어.피.플은 학업 중단 위기 청소년을 보호하는 학교 밖 교육 공간이 되었고, 청소년들과 다양한 어른들이 만나 동등하고 평화적으로 대화를 나누는 프로젝트도 진행했다. 김용택 시인을 비롯해 작가를 초대한 북 콘서트, 정치인부터 영화감독까지 다양한 인사가 참여하는 명사 초청 이벤트도 수시로 열렸고, 코로나 기간에는 방구석 버스킹이라는 이름으로 지역의 청년 예술단체가 생활 예술동호회 공연을 라이브로 송출하는 이벤트도 열었다. 이외에 다양한 장을 열어서 많은 사람들이 교류할 수 있게 했다.

기회는 어디서 올지 모른다. 우연히 시작한 일이 새로운 기획으로 확장되었다. 씨앗이 흙을 만나 싹을 틔우듯 예상치 못한 사건과 아이디어가 자라났다. 일이 어떻게 연결될지는 예측 불가능하다. 단지 어떤 일을 '해보기'만 해도 기회로 이어질 수 있다는 사실을 배웠다. 호기심과 열린 마음으로 일을 하다보면 작은 가능성이 열리게 된다. 기회는 어느 틈에서라도 찾아오게 마련이다.

실패와 가능성의 확인

나의 영원한 첫사랑, 공간 '어.피.플'은 5년간 운영 후 2023년 종료했다. 공간 임대만으로는 수익성이 낮았고, 다른 사업으로 계속해서 비용을 감당하기가 벅찼다. 이루어질 수 없는 첫사랑처럼 사업적으로는 실패했지만 직접 활동 기반을 조성하고, 함께할 사람들과 머물 서식지를 만들어낸 경험은 나름 의미가 있었다.

지역 활력은 유동 인구와 일자리만으로 생기지 않는다. 자신이 하고 싶은 일을 신나게 하는 사람들이 함께 어우러져 내는 긍정적 에너지가, 결국 '머물고 싶고, 살고 싶은 로컬'을 만든다. 내가 하고 싶은 일을 정하고, 생각하고 실행해 볼 기반이 있다면, 어우러져 사는 재미가 있지 않을까. 혼자 하기 어려운 일에 도움을 청할 동료와 주변 사람들이 있고, 의미와 결과를 같이 짚어줄 수 있다면 그곳에 좀 더 머물고 싶어진다. 하고 싶은 걸 찾고, 해보는 경험. 지지하고 응원하는 사람들이 모이고 연결되며 느꼈던 성취감은 사라지지 않는다. 잠시 쉬어갈 뿐, 다음을 위한 단단한 도약대가 되리라 믿는다.

로컬살이에 임하는 마음:
적당히 벌어 아주 잘살자

적당히 벌고 아주 잘살자

전통시장에서 발길이 끊긴 공간에 청년몰이라는 이름으로 청년들이 창업 가게를 열었다. 전주 남부시장 2층 청년몰 계단에 적힌 문구, "적당히 벌고 아주 잘살자."가 전국적으로 유명해졌다.[1] 엄청난 돈을 벌 욕심 대신, 적당히 버는 것에 만족하며 삶을 즐기겠다는 선언이었다. 새벽부터 치열한 삶의 현장인 시장에서 울려 퍼진 이런 외침은 '철없지만' 신선했다. KBS 다큐 3일을 비롯한 매스컴에 여러 차례

---

1   전주MBC, "지금은 청춘시대 전주 남부시장 청년몰 / ★이색 시장유람기★ / 재래시장 필수 코스 / 청년 사장님 / 시장에 이색 가게들 사탕가게, 보드게임방, 전통차가게 [그곳, 그사람]," YouTube video, September 29, 2014, accessed June 8, 2025, https://www.youtube.com/watch?v=z4q_gsjvAec.

소개되었고 야시장까지 더해져 많은 사람이 몰렸다. 주말이면 줄을 서서 구경해야 할 정도였다.

'청년몰 원조' 전주 남부시장 청년몰 성공에는 여유롭고 당당한 청년들의 태도가 컸다. 그들은 영업이나 매장 운영에 매달리기보다는 원하는 만큼 일하고, 거기에 만족하며 사는 방식을 택했다. 그런 태도가 상인이 아닌 문화 기획자에 더 가깝다는 평가도 있다. 전주를 따라 전국 곳곳에 청년몰이 들어섰지만, 그만한 성공을 거둔 곳은 없다. 전주 남부시장마저도 예전 같지 않다는 말이 들린다. 하지만 그럼에도 그들의 시작은 주목해 볼만하다.

전주 청년몰의 매력은 각자 기준이 다르다는 데 있었다. 내 적당함과 당신의 적당함이 다를 수 있음을 전제로, 경쟁이나 정답이 없다. 우열을 따질 이유도 없고, 괜히 기죽거나 우쭐거릴 필요도 없다. '적당히 벌어서'에 대한 답은 각자 찾으면 된다. '지나치지도 모자라지도 않게 벌자'는 의미가 중요하다. 누구와 비교하지 않고, 어떤 평가도 신경 쓰지 않는다면 내 삶은 어떤 모습이길 바라는지 묻는다.

적정한 삶을 정의하는 데 있어 반드시 고려해야 하는 변수가 바로 시간이다. 우리가 살아갈 세월이 매우 길어졌다. 한 직장 혹은 한 분야의 일을 30년 동안 하고 55~60세에 은퇴한다 해도 그 후 30년이 남아있다. 평생 일한 것만큼, 혹은 그 이상 시간을 살아야 한다. 사람들은 지금 하는 일을 언제까지 더 할 수 있을지 불안해하고, 이를 떠올리면 한숨 쉰다. 전문가들은 사회에 있는 시간을 길게, 가능한 한 늦게 은퇴하라고 조언한다. 연봉을 줄여서라도 현직에 머물고, 급여가 적더라도 출근할 수 있는 일을 찾으라고 권한다. 현실에서는 60세 정년도 쉽지 않다. 50세만 넘어도 은퇴를 걱정해야 하는 사람이 대부분이다. 임금피크제나 65세 정년 제도가 있는 대기업에서도, 40대 후반에 명예퇴직이나 권고사직을 받기도 한다.

주 커리어에서 은퇴하면 이전만큼의 소득을 얻긴 쉽지 않다. 재취업 기회가 아예 없거나, 저임금 일자리에서 청년들과 경쟁해야 하기도 한다. 계속되는 거절에 우울감이 높아진다. 그럼에도 발버둥 치는 건, 연금 수령까지 남은 시간과 가정이나 사회에 해야 할 역할때문이다. 꼭 은퇴가 아니라도 새로운 일이나 커리어 전환이 필요한 경우도 있다.

지금 하는 일이 더 이상 발전이 없다고 느끼거나, 시간과 에너지 대비 삶의 만족이 적을 때 한 번쯤 전환을 고민한다.

정년 이후, 혹은 새로운 일을 찾는 시점이라면, 목표는 더 좋은 벌이, 더 나은 직장은 아니다. 내게 맞는 삶의 속도와 방향을 다시 정돈해 보는 기회가 될 수 있다. 이런 기회가 삶 속에서 자주 오지는 않는다. 삶에는 관성이 있어서 한 번 내달리면 그 방향으로 지속하게 된다.

일과 벌이에 대한 계산을 해봐야 한다. 실제 월 생활비가 얼마인지, 평소 무엇을 주로 소비하는지 파악하면, '적당히' 꾸릴 살림과 벌이가 그려진다. 자본이 아니어도 해결할 수 있는 것들이 있는지 찾아본다. 더 빨리, 편하게 하기 위해 돈을 써야 했던 것들을 하나씩 제외한다. 현재의 환경이 어떤 필요를 충족하고 있는지 구체적으로 생각해 보고 그러기 위해 써야 하는 비용도 고려한다. 나를 둘러싼 환경은 많은 것을 이미 결정한다. 이런 고민을 정교하게 하기 위해서 낯선 환경에 갈 필요도 있다.

일본의 저명한 저술가이자 사상가인 우치다 타츠루는 <

로컬로 턴!>이라는 저서에서 로컬은 새로운 기회가 아닌 삶의 태도이며, 도시에서 탈출했다면 일단 자본주의 상식을 버릴 필요가 있다고 말한다. 자본주의 상식이란 끝없는 성장이자, 늘어나는 소득이나 수익의 증대, 생산성 향상을 목표로 불필요하다고 생각하는 일들을 외주화하여 최대한의 효율성을 따지는 것이다. 로컬 이주라는 탈도시적 삶을 선택하는 것에는 이는 탈 시장, 탈 화폐 경제로의 전환을 의미가 담겨있다. 성장 모델이 아닌 '정상(定常, 일정하여 한결같음)' 모델로의 전환이라고 그는 말한다.

로컬에서는 내게 맞는 적당함에 대한 완급, 내게 맞는 속도대로 살아가는 연습을 할 수 있다. 오랫동안 일하면서 소득을 유지하는 삶이 과연 가능할지 의문이 들 수도 있다. 하지만 '어떤 일을 하느냐가 곧 나'라는 생각을 내려놓으면 내 앞의 선택지는 넓어진다. 초고령화가 시작된 로컬에선 특히 그렇다.

4장
로컬살이
성공 가이드

로컬살기 스타트 1:
어떻게 살까

일의 중요성

먼저 '나에게 일이란 무엇이고, 어떤 의미인가?'부터 고민하는 것이 필요하다. 여기서 '일'은 직업과 다르다. 교사·공무원·의사·회사원 등은 직업이라 부를 수 있지만, 그 자체가 꼭 '일'은 아니다. 우리는 사(師, 士, 師…)자가 붙은 직업이나 대기업·공무원 시험이 주는 영향과 의미를 잘 안다. 그렇지만 누구나 부러워하는 직업을 얻고도 행복하지 않거나, 견디다 못해 뛰쳐나오는 경우가 적지 않다. 일이 곧 직업이 아니라, 실제로 하는 일의 내용이 기대와 다를 때 사람들은 괴로워한다.

대학 시절 잠깐 '스튜어디스가 되면 전 세계를 월급 받고 돌아다닐 수 있지 않을까?' 생각해 본 적이 있다. 잠깐(항공) 일하고 해외 체류(여행)도 하는 꿈의 직업 같았다. 배낭여행과 워크캠프 등 어떻게 해서든 해외에서 오래 머물 방법을 찾던 시기여서, '여행도 하고 돈도 버는' 일을 할 수 있다면 곧 꿈이 이뤄질 거라 여겼다. 이후에 회사에서 출장으로 비행기를 자주 타게 되었을 때, '스튜어디스가 안 된 게 다행'이라 느꼈다. 덜렁대고 털털한 내 성격에 좁은 기내에서 객실 서비스를 하고 안전을 책임진다면, 매일 실수를 연발했을 것이고, 끊임없이 자괴감에 시달렸으리라 짐작했다.

PC게임 마케팅 일을 잠시 했을 때도 힘들었다. 나는 게임을 전혀 즐기지 않는데, 주변 동료들은 대부분 '게임 덕후'였다. 랭킹 1위가 되어 게임 개발사에까지 입사했다는 전설 같은 이야기가 있었을 정도였다. 전혀 관심 없는 주제, 의미를 찾을 수 없는 일에 겉돌다가 결국 못 버티고 튕겨 나왔다.

이런 경험을 떠올리면서 '내게 일이란 뭘까, 내가 원하는 일은 무엇일까?'를 고민했다. 했던 일, 업무가 아니라 내가 느꼈던 감정과 얻고자 했던 가치에 집중했다. 내가 추구하는 가치의 우선순위를 보면, 일에서 가장 얻고 싶은 것이 보인다. 내게 의미가 있고, 잘할 수 있는 일이면 노력해도 괴롭지 않다. 그러면 오래 버틸 수 있고, 열심히 하다 보니 당연히 잘하게 된다. 인정을 받으면 안정과 보상도 그 뒤에 따라올 거라 믿는다. 무엇보다 일 자체에서 얻는 에너지와 즐거움이 있다.

일에 대한 생각과 정의를 스스로 내리는 경험과 배움이 곧 사회생활이 아닐까 한다. 나에게 일은 '사회에 기여하면서, 일정 시간 활동으로 적절한 수입을 얻는 과정'이다. 내가 하는 일이 사회와 세상을 조금이라도 나아지게 했으면 좋겠다. 일을 하며 '전과 다른 나'로 조금씩 나아지길 바란다. 일을 통해 효능감을 얻고 성장하고 싶다. 세 가지 조건을 우선 순서대로 요약해 본다.

- 사회에 기여할 것
- 개인의 성장이나 성취와 연결될 것
- 적절한 시간 투입으로 적정한 소득(효능감)을 줄 것

각자 자기만의 조건을 떠올려보기를 권한다. 과거 언제 어떤 일을 할 때 가장 즐거웠고, 자부심을 느꼈는지, 그때의 경험과 활동을 구체적으로 떠올려 본다. 반대로 어떤 순간에 '이제 더는 못 하겠다.'고 느꼈는지 적어 보는 것도 좋다. 일은 종종 직장으로 기억된다. 일은 괜찮은데 직장이 별로거나, 그 반대의 경우도 있다. 일 자체만 놓고 생각해 보면 막상 떠올릴 경험이 많지 않은 것 같다. 아주 짧은 순간, 찰나에 불과했다고 해도 짜릿한 성취감을 느꼈던 기억을 찾아내야 한다. 소속된 조직의 이름, 직책, 월급, 복리후생 같은 보상이 곧 일은 아니다. 맡겨진 일을 직업이라 생각했던 것에서 벗어나 내게 적합한 일을 내가 직접 고를 차례다. 무엇이든 내가 원하는 일을 당장 할 수 있다면, 난 어떤 일을 선택할까. 그 일은 어떤 조건과 형태일지 미리부터 그려봐야 한다. 실마리는 과거의 경험에서 찾을 수 있다.

나만의 '좋은 일' 정의 만들기

 '나에게 일이란 무엇인가?'를 정리해 둔다면, 일에서 오는 스트레스가 오히려 줄어든다. 나의 경우 다시 선택한다 해도 이미 시스템이 갖춰진 대기업이나 공공기관에서 정해진, 맡은 일만 하기보다 다소 불안정하고 보수가 적은 중소기업이라도 해외 영업, 주재원 경험까지 주어지는 쪽을 선택했을 것 같다. 제품을 많이 파는 것이 목표였을 때도, 매출에 따른 성과급보다 내가 소개한 제품이 세상의 문제를 해결한다는 생각이 들었을 때 힘이 났다. 그러고 보면 나이에 맞게 채워야 할 것은 다양한 경험이라고 믿어온 평소 생각과도 자연스럽게 닿아있었다. 우연이라고 생각했지만, 로컬이라는 선택까지도 이어졌다.

 일은 중요하다. 사회에 기여하고, 일터에서 보내는 시간은 적당한 긴장과 휴식으로 구성된 패턴을 만들며, 살아가는 데 필수적인 소득을 얻을 수 있다. 함께 일하는 동료들과의 관계, 일에서 오는 성취감도 무시할 수 없다. 그저 '연봉'으로 평가되었던 일의 가치를 다르게, 새롭게 정리해 보면서 일에 대한 기대를 정리해 보는 과정을 새삼스럽지만 해보자. 일 뿐만 아니라 어떤 삶을 살고 싶은지를 정리해 볼 기회다.

로컬살기 스타트 2:
뭐 먹고 살까

로컬에서 먹고살 구체적 방안 찾기

'로컬에서 살림 살기'라는 게임을 시작한다고 가정해 보자. 게임이라고 칭하는 건 너무 심각해지지 않으려는 의도다. 버는 것과 쓰는 것을 아우르는 게 살림이고, 결국 소득에서 지출을 뺀 나머지가 게임에서의 '점수'라고 보면 로컬은 의외로 괜찮은 무대이다. 소득이 크게 늘긴 어렵지만, 지출을 크게 줄일 여지가 많다.

먼저 게임의 배경이 될 로컬, 지역 한 곳을 골라본다. 연습 단계이니 어디든 괜찮지만, 실제로 로컬살이를 시도한다면 현재 생활지와 빠른 교통편(KTX·SRT·고속도로)으로 연결된 곳을 추천한다. 심리적 거리와 고립감을 낮추고 실제로도 오갈 일이 잦아서다. 찾는 방법은 간단하다. KTX나 SRT 앱이나 지도를 열어서 정차역을 확인해 본다. 용산에서 목포까지 약 2시간 30분 걸린다. 서울에서 부산까지는 2시간 24분 정도, 강릉까지는 2시간 정도 걸린다. 그 사이에 많은 도시와 역이 있다. 생각보다 멀지 않다는 생각이 절로 들 것이다.

우선 어떤 도시이든지 정해본다. 한겨레 출판에서 발간된 <탈서울 지망생입니다>[1]에서도 비슷한 조건을 말한다. 책에는 탈서울 해서 이사할 지방 중소도시의 주거 여건으로 다섯 가지를 제시한다.

1. 대중교통(KTX나 고속버스)로 서울에서 두 시간 정도의 거리
2. 인구 20만 이상일 것
3. 자력으로 아파트에 거주할 수 있을 지역
4. 주변에 출근할 일자리가 있는 곳
5. 마트, 병원, 학교, 공원, 헬스장과 수영장이 있을 것

---

[1] 김미향 [탈서울지망생입니다] 탈서울 체크리스트, 서울을 벗어나면 아파트에서 살 수 있을까(한겨레 출판 2022),96P

정읍에서 문을 연 어반피크닉은 시작부터 전국 곳곳에서 일을 하게 되었다. 경기도와 인천광역시, 서울과 세종의 중앙부처의 프로젝트부터 땅끝 해남과 완도까지 오가며 다양한 워크숍과 활동을 했다. 나중에 회사 소개서를 수정하는 과정에서 그간의 프로젝트를 지도에 표시하면서 깨달았다. 정확히 고속철도 라인을 따라 우리의 이력이 쌓여왔다. 실상 부산, 경상도처럼 정읍과 KTX, SRT로 연결되지 않은 지역은 멀게만 느껴졌다. 그만큼 빠른 교통편은 실제 사용 빈도를 떠나 심리적 거리감을 줄인다. 인구 규모는 지역의 여러 가지 면을 드러내지만 그렇다고 꼭 들어맞는 것도 아니다. 메가시티 거주 경험으로 비춰보자면 인구 규모에 따른 차이가 크게 다가오지 않는다. 오히려 도시 내에 작은 신도시처럼 새롭게 조성된 주거 단지가 있는지나 대학교 같은 고등 교육시설 여부를 살펴보는 것이 좋다.

아직 탐색하는 단계이기 때문에 주변 지인으로부터 정보를 얻거나 여행을 통해 호감이 생긴 도시로 시작할 수도 있다. 개인적으로는 인구가 30만 이상 되는 도시보다는 10-20만 이내의 작은 로컬도시를 추천하고 싶다.

어디든 배경이 될 만한 도시를 두세 곳 정했다면 해당 시·군청 웹사이트부터 살펴보자. 여행기·맛집 정보와 광고가 뒤섞인 포털에서 검색하기보다는 시·군청의 공식 홈페이지가 더 유용하다. 지역 현황, 보도자료, 공고 같은 걸 꼼꼼히 본다. 시장·군수의 공약 이행 상황도 미래 비전과 시정 방향을 파악하는 데 도움이 된다. 면적이나 인구수, 거주 인구 밀집 지역, 산업·개발 계획 등도 확인한다. 시군 청이 운영하는 문화시설 정보나 민원 게시판의 갈등 이슈, 지역 축제와 행사 내용도 살펴본다.

특히 고시 공고 게시판은 놓치면 안 된다. 이곳에서 시군 행정 계약과 채용 정보를 얻을 수 있다. 공공기관 임기제 근로자 모집 공고 등도 고시 공고 게시판을 통해서 올라온다. 어떤 경력과 능력을 찾는지 지난 공고들도 참고한다. 보통 문서 작성·회계·시설관리 같은 전문성을 언급하는 경우가 많다. 자격 요건과 필요 서류 등을 확인한다. 입찰 공고도 함께 보면 지역에서 어떤 사업이 진행 중인지 알 수 있다. 공고뿐만 아니라 해당 사업의 결과도 공고한다. 그런 내용들도 관심 있는 주제라면 다운받아 살펴본다.

낯선 환경인 로컬에서도 지피지기는 백전백승, 아무것도 모른 채 가야 할 이유는 없다. 가능한 내게 맞는 곳을 찾기 위한 조사를 성실히 꼼꼼하게 해둘수록 현장에서 느끼고 얻는 게 많아진다. 그런 점에서 한 곳에 집중하기보다는 몇 개의 후보군을 정해 두고 비교해 가면서 살펴보는 것이 좋다. 조금 더 호감이 생기고 관심 가는 지역이 분명 생길 것이다.

지역신문 검색을 한다. 포털이 아니라 지역신문 웹사이트에 직접 들어가는 것이 중요하다. 우리가 포털에서 보게 되는 중앙 일간지는 대부분 서울의 소식을 전한다. 산불이나 수해 같은 재난 상황이 아니면 지역 뉴스는 아주 짧은 단신으로 처리되거나 아예 다뤄지지 않는 경우가 대부분이다. 지역의 소식은 지역신문이 발 빠르게 담아낸다. 어떤 지역신문이 있는지도 시군 청 홈페이지를 통해 대략 확인할 수 있다. 보도자료 배포처 목록을 확인하거나, 정 못 찾겠다면 지역명 뒤에 신문을 넣어 검색하면 찾을 수 있다. 지역 신문 웹사이트에는 시의성 있는 뉴스 외에 기획보도 등도 있다. 앞서 들어간 시군 청 홈페이지에서 본 사업이나 이슈 가운데 궁금하거나 의미 있게 다가온 것들을 정리해 두었다가 기사·칼럼 모두 하나씩 검색한다. 관심이 가는 데로, 궁금한 내용을 중심으로 찾아본다. 작은 도시에도 지역신문이 여러 개다. 검색해서 여러 매체를 두루 본다. 도시재생 등 지역 활성화 사업이 선정됐다는 기사, 주민설명회나 공청회 자료, 도로 정비·입찰 계약 공고, 도시재생지원센터 사무국장 모집 같은 정보들을 묶어보다 보면 전반적인 흐름과 순서를 알 수 있게 된다. 관심 가는 내용이 있다면 또한 메모해 둔다.

공적 정보 다음으로 사적 정보인 지역 정보지(교차로·까치 소식 등)를 살펴보자. 로컬에서는 아직도 부동산 거래, 구인·구직, 중고 거래가 신문 광고를 통해 이뤄지는 경우가 많다. 연령대가 높아서인지 아직도 광고지 영향력이 크다. 매주 배포하는 날이면 기다렸다가 가져가는 사람이 있을 정도다. 교차로 홈페이지에 들어가면 전국 각지의 교차로가 한 페이지에 모여있다. 지역을 선택해 들어가면 해당 지역 교차로 페이지로 연결된다. 홈페이지에도 올라온 정보가 보이지만, 모든 정보가 빠짐없이 있는 것은 아니고,

또 지난 기간의 내용도 보기에는 신문 자체로 보는 것을 추천한다. 온라인 상에서도 PDF뷰어를 통해 신문처럼 넘기거나 확대해서 볼 수 있다. 지역정보지를 보면 인터넷 포털에서는 볼 수 없는 생생한 정보를 실시간으로 얻을 수 있다. 특히 부동산 같은 경우, 네이버를 비롯한 포털에 올라온 것은 지역 중개소에서 올린 매물들이지만, 교차로에는 집주인들이 직접 올리는 경우가 대부분이기 때문에 매물 건도 많고 선택지가 넓어진다 (직거래라 해도 실제 거래를 할 때는 공인중개사 사무소를 통하는 것을 추천한다). 우선 살 곳을 찾기 위해서 부동산 섹션을 통해 원룸부터 시골 땅까지 매물을 훑으며 시세와 위치를 대략 가늠한다. 아무래도 전·월세 매물이 많은 동이 대부분의 사람이 모여 사는 신도심 주거지역일 확률이 높다. 괜찮아 보이는 물건은 건물명이나, 아파트명을 검색해서 로드뷰로 상태를 확인할 수 있다. 포털에 올린 중개소 매물처럼 실내 사진까지 꼼꼼히 나와 있지는 않지만, 대략 어떤 상태인지, 위치까지 가늠할 수 있다. 아파트명을 검색해 보면 인테리어 공사 등을 한 업체에서 올려놓은 정보로 내부의 형태를 확인하는 것이 가능하기도 하다. 더 나아가 터미널·도서관·체육관·학교·시장 같은 생활 편의시설까지의 거리를 '길 찾기'를 통해 가늠해 보는 것도 실감 난다. 대략 생각하고 있는 조건과 상태를 맞춰볼 수 있다. 처음에는 리브 애니웨어(https://www.liveanywhere.me/)나 에어비앤비(https://www.airbnb.co.kr/)를 통해 1주일 이상 머물 곳을 찾아 지낼 곳을 찾는 것도 방법이다. 조금 더 거주를 해보겠다는 확신이 든다면, 풀옵션 원룸으로 시작하는 것이 무난하다. 월세나 전세 같은 조건이 있을 수 있고 소형 아파트도 전월세로 나와 있으니, 상황과 여건에 맞게 선택할 수 있다.

로컬은 일자리가 별로 없다고들 한다. 대부분 로컬을 떠나는 이유가 일자리가 없어서라고 생각한다. 하지만 막상 로컬에 있으면 '사람 구함'을 심심치 않게 본다. 일할 사람이 없어서 외국인 노동자로 대체된 것들이 너무나 많다. 체력적으로 무리가 가는 일에 젊은 인력이 필요해서라면 어쩔 수 없지만, 단순한 업무를 수행할, 기본적인 능력을 요하는 일자리에도 사람이 없어 난리다. 지금 당장 교차로 구인란 펼쳐봐도 산업단지 공장의 사무직, 초보자 가능 같은 일자리가 눈에 보인다. 퇴직자 환영이라는 말이 써있는 경우도 있다. 아침 일찍부터 점심때까지 하는 파트타임 아르바이트나, 떡 공장 같은 생산직, 주야간 교대하는 근무 등 다양한 형태의 일자리도 있다. 실제 로컬에서 현재 일자리와 구직 희망자의 비율은 체감상 100%가 넘는다. 로컬에서 일하는 동안 '일할 사람을 구해달라'는 말은 많이 들었어도, 일자리를 찾아봐 달라는 말은 듣지 못했다. (교차로에도 구인란만 있지 구직란은 사실상 비어 있다.)

사실 일자리는 많이 있다. 성취감을 주고 계속해서 성장할 수 있는 안정된 조직에서 의미 있는 일을 하며 높은 소득을 받는 '좋은 일자리'가 희소할 뿐이다. 특히 젊은 세대, 청년들에게 매력적인 일자리가 매우 부족하고, 때문에 그들의 인구 유출이 사회적 문제가 되고 있다. 그들의 공백으로 인해, 로컬에서는 사무직을 할 수 있는 인력 공급 자체가 매우 부족하다. 구체적으로 예를 들자면, 컴퓨터를 활용해 문서를 만들거나 엑셀 입력 정도가 가능한 사람(보통 30-40대)의 숫자 자체 매우 적다. 그런 '능력자'들에게 이런 단순 사무직은 매력이 없다. 250만 원 내외의 급여 수

준과 오전 8시부터 오후 5시까지 하는 근무시간은 애매하다. 가장에게는 적고, 맞벌이로 하기엔 아직 아이들이 어린 탓에 부담스럽다. 공장 생산직일 경우 근무 기간이 길어지면 급여도 올라가지만, 청장년들이 도전하고 싶은 일자리는 아니다. 산업단지에서 2교대로 근무하는 경우 350에서 400만 원까지 급여를 보장한다 해도 구직자를 찾기 어렵다. 지금은 급여가 조금 적더라도 성장하고 더 나아질 수 있는 일을 찾아가고 싶은 것은 인지상정이다. 일자리가 없으니 어떤 일이라도 하겠다고 나서는 사람이 많을 것 같지만, 실상은 그렇지 않았다.

당장 구직에 뛰어들기보다는 내가 원하는 일을 먼저 떠올려볼 것을 권하고 싶다. 찾고자 하는 일의 정의는 진로 찾기가 아니다. 로컬이라는 새로운 환경에서 살아가기 위해 필요한 '소득 마련'에 있어 먼저 선택해야 할 기준을 정리해 보는 것이다. 무조건 가장 급여가 많은 일자리에 도전하거나 내 경력을 받아줄 곳이 없다며 포기하기보다는, 일에 대한 나의 기대와 정의에 맞춰 일자리를 찾아본다.

구인란에 적힌 급여와 조건도 중요하다. 시군 청 고시

공고 게시판과 마찬가지로, 어떤 능력을 원하는지 파악한다. '경력 무관, 나이 무관' 같은 문구는 꼼꼼히 찾아본다.

우리는 '로컬에서 살림 살기'라는 RPG(롤플레잉) 게임 중이라 가정하자. 게임의 성공 열쇠는 충분한 정보와 자기 객관화다. 먼저 지역이라는 배경과 지도를 살폈다면, 이제 캐릭터인 '나'에게 초점을 맞춘다. 객관적인 시선으로 자신을 들여다보는 게 중요하다. 간단한 나의 능력치 목록을 만들어보면 좋다.

컴퓨터 활용: 인터넷 검색, 이메일, 기본 문서 작업
문서작성: 한글·MS PPT·엑셀 등
회계: 회계 프로그램, 경리업무
특별기술(자격증): 전기·소방·시설관리, 사회복지사, 요양보호사, 운전면허
직장경력: … (단, 직함이나 기간보다 실제로 한 일과 능력을 간략히 정리)

앞서 지역 정보 가운데 흥미로웠던 분야가 있다면 거기

에 맞춰 이력을 정리한다. 구인 정보에 자주 언급된 자격증이나 기술이 있다면 메모해 두고, 만약 그 능력부터 획득하는 것을 첫 번째 목표로 삼아본다. 그 능력을 얻으려면 학습 과정이 필요하다. 목표가 뚜렷해지는 것도 분명한 수확이다. 막연한 불안감으로 이것저것 닥치는 대로 배우는 대신, 목적 있는 학습이 가능하다. 평생학습관, 여성회관, 직업능력 개발 훈련기관, 디지털 배움터, 도서관 등을 통해 저렴한 비용으로 배울 기회를 찾자. 교차로에도 국비 지원 교육과정에 대한 광고가 많이 나와 있다. 목표와 방향을 가지고 전략적인 접근을 해본다.

구직활동뿐만 아니라, 이후 생활을 위해서라도 적당한 수준의 컴퓨터활용능력을 갖추는 것은 반드시 필요하다. 기본적인 문서 작성뿐만 아니라 간단한 회계가 가능한 정도의 엑셀 프로그램 사용은 로컬에서 일자리를 찾는데 천군만마가 되어줄 것이다.

더 나아가 평생학습원, 전문대학 진학도 고려할 수 있다. 로컬의 전문대학은 실용적 교과과정으로 구성되어 있다. 호텔 조리나 제과제빵, 바리스타 과정이나 컴퓨터, 모바일을 활용한 스마트정보 과정 등을 학원이 아닌 지역의 전문대학에 입학 또는 편입하여 마칠 수도 있다. 지역 전문대학의 경우 줄어드는 학생들로 인해 입학 모집에 매우 적극적이고, 정부 지원이나 장학 제도도 폭넓게 준비되어 있다. 실제로 들어가 보면 20대 초반의 학생보다 성인 학습자의 비중이 매우 높다. 교수·학우들과 교류하며 적극적으로 활동하면 새로운 기회가 생기도 한다. 다만 시간과 비용이 들기에 로컬 정착 여부를 어느 정도 결정한 뒤에 선택하는 걸 권한다.

로컬살이를 추천합니다

누구든, 생애 한번은 로컬에 머물면서 삶과 자신을 돌아보면 좋겠다고 말하지만 그럼에도 모두가 선택할 수 있는 길은 아니다. 저마다 생각하는 목표나 방향이 다르고 처해있는 상황도 다르다. 하지만 삶의 전환을 원한다면 환경을 바꾸는 것을 우선적으로 고려해 보길 권한다. '누구나' 가운데서도 가장 로컬살이를 추천하는 이들을 위한 내용이다.

유아~초등 자녀가 있는 가족

나의 첫 로컬은 제주였다. 온화한 기후와 섬 특유의 풍경, 검은 돌과 푸른 바다가 펼쳐지는 풍경에 이끌려 일주

일간 머물며 살 곳을 찾아냈다. '일주일쯤 머물다 별수 없이 서울로 돌아오겠지.' 생각했던 가족들은 집을 구했다는 말에 깜짝 놀랐다. 무엇보다 당시 나는 만삭의 몸이었고 아는 사람 하나 없이 제주에서 출산하겠다는 통보에 다들 난리였다. 우여곡절이 없었던 것은 아니지만, 제주에서 아이를 무사히 출산하고 키워낼 수 있었다.

우리 가족은 제주도에 떠 있는 작은 섬이었다. 주변에 아는 사람, 만날 친구 하나 없으니 어른, 아이 갓난아기 할 것 없이 한시도 떨어지지 않고 한 덩어리가 되어 붙어 지낼 수밖에 없었다. 수입이 줄어드니 쇼핑과 외식 대신 바다를 보는 것으로 지출을 대폭 줄였고, 보조금·중고 거래·장난감 도서관을 활용했다. 제주의 겨울은 춥고 습했지만, 여기저기서 받은 귤이 떨어질 날이 없었다. 잘 아는 이는 없었지만, 스치는 이웃들에게도 온기가 느껴졌다. 갓난아기를 데리고 도서관과 미술관으로 피신해 가며 에어컨 없는 여름을 보냈다. 없는 것투성이였지만, 대신 시간이 넘쳐났다. 유일한 친구를 겸해야 했던 탓에 부부 사이도 친밀하고 더욱더 가까워졌다. 아이들에게 오롯이 집중하면서 전우애 같은 유대감을 키울 수 있었다.

영유아뿐 아니라 학교에 들어간 아이들에게 로컬이 주는 이점은 상상하는 대로다. 자연 속에서 배우고 자랄 수 있다. 반드시 시골에 살아야 할 필요도 없었다. 우리 아이들도 한 반에 8~9명쯤 되는 작은 학교에서 배우고 자랐다. 전북 최초의 '혁신학교'였던 정읍시 칠보면의 수곡초등학교는 농촌 유학으로도 많이 가는, 친환경 급식과 아토피 특화 학교로 명성이 높았다. 살고 있는 시내와는 거리가 좀 있었지만, 다행히 시내 초등학교와 연계되어 배정을 받을 수 있었다. 매일 아침 스쿨버스를 타고 등교하고 전교생이 남아 방과후 수업이며 체험을 함께하고 돌아왔다. 선생님은 물론 전교생이 서로를 아는 그야말로 가족 같은 분위기였다. 전교생 자전거 타기, 등산, 텃밭과 텃논에서 마을 이장님께 배우는 농사 수업, 방과 후 클래식 악기 활동, 연극수업과 밴드 활동으로 풍성한 학교생활을 즐겼다. 목공수업을 할 때면 이미 다듬어진 키트가 아니라, 등산로도 없는 뒷산에서 아이들이 직접 나무 재료를 꺾어오는 것부터 시작하곤 했다. 아이들은 아직도 계절의 변화를 말할 때 시골 학교 뒷산의 추억을 떠올린다. "지금쯤 개구리알이 많이 나올 텐데."하는 식이다. 맛있는 급식과 로컬푸드 과일 간식도 여전히 기억한다. 전교생이 50명이 안 되는 작은 학교라 학교장 재량으로 코로나19 시기에도 빠짐없이 등교가 가능했다. 방에서 진행하는 온라인 수업 뒷바라지에 지친 서울의 친구들이 아이들 전학 문의를 해올 정도였다. 실제로 해외에 거주하던 친구의 자녀가 전학 와서 함께 학교에 다니기도 했다.

미국에서 나고 자라 한국말이 서툰 아이의 '한국어 연수'였던 셈인데 6개월 만에 한국어 실력이 놀랍게 늘었다. 수곡의 아이들에게는 미국에서 온 친구들과 수업하며 새로운 문화를 접할 수 있었고, 친구의 두 딸에게는 한국 초등학교에서의 추억이 생긴 셈이다. 귀국 자녀의 경우, 서툰 한국말로 인해 수업 적응이 쉽지 않고 아이들 간에 잘 어울리지 못할까봐 우려하곤 한다. 그럴 경우 소수의 학생이 선생님과 함께 수업하는 시골 학교가 좋은 대안이 될 수 있다. 그러려면 부모 중 한 명이라도 주민등록이 남아있어야 하며, 주소지 등록을 해야 초등학교 배정이 가능하다.

작은 시골 학교에 가고 싶은 서울 학생을 대상으로 한 농촌 유학 제도도 있다.[1] 서울시교육청이 주관하는 프로그램으로, 강원·전남·전북 등지 시골 학교에서 6개월~1년 정도 '흙 밟기'를 지원한다. 가족이 함께 이주하는 체류형부터 홈스테이 형, 유학센터형까지 가능하고, 주택 임대료나 유학비도 일부 지원한다. 공립 초등학교 학생부터 중학교 2학년까지 신청할 수 있다. '흙을 밟는 도시 아이들'이란 사업명으로 농촌 유학 설명회와 모집 공고가 매년 6월과 11월경에 나오니 관심 있다면 교육청 홈페이지를 참고하자. 그 외에 전라북도 특별자치도 외 지역의 사는 초·중·고등학생들을 지원하는 '전북 농촌 유학' 프로그램도 있다. 전북 자치도 교육청에서 주관하고 가구별, 학생별로 유학비와 지원금을 지급한다. 학습 부담이 적은 초등학생의 경우, 가족 단위로 신청하여 로컬살이를 경험하는 좋은 기회가 될 수 있다. 신청하기 전에 먼저 해당 지역과 학교를 방

---

1 서울특별시교육청TV, "2025학년도 2학기 농촌유학생 모집 설명회," YouTube video, May 30, 2025, accessed June 8, 2025, https://www.youtube.com/watch?v=RUgJdmkkarA.

문해 보고 결정하는 것이 바람직하다.

원격근무·프리랜서·창작자

로컬에 가장 적합한 직군은 원격근무(워케이션)가 가능한 사람, 프리랜서, 창작자다. 코로나19 이후 미국 대도시 아파트 공실이 늘었던 현상도 같은 맥락이다. 고임금을 받는 지식노동자, 개발자들이 재택근무가 가능해지자 비싼 도심 주거를 벗어나 교외로 이동한 것이다. 내 주변에도 인쇄물 디자이너였던 지인이 서울에서 전주로 이주했다. 코로나19로 인해 회사가 어려워지면서 파트타임 재택근무로 전환한 덕에 가능했다. 월급은 줄었지만, 전세 금액이 대폭 줄면서 이자 부담이 낮아져 오히려 여유가 생겼다. 아이의 동네 친구 가족들과 교류하며 소소한 디자인 부업도 한다고 했다. 적게 벌지만 적게 일하며 한창 크는 아이들과 함께 할 수 있어서 서울보다 생활이 훨씬 나아졌다고 말했다.

원거리, 원격 근무를 할 수 있다면 로컬은 좋은 삶터가 될 수 있다. 출근 지옥을 비롯한 업무 외의 스트레스를 대폭 줄일 수 있고, 가족과 함께 여유 있는 생활이 가능하다. 매일 다양한 사람과 대면을 통해 이뤄지는 지적 협업이 중요한 일을 하는 경우에라도, 일주일의 일정을 미리 조정해 4도3촌 식(4일은 도시 3일은 로컬에 거주하는 방식)의 생활패턴을 유지하는 경우를 종종 보곤 했다. 로컬살이를 하다 보면 '어디에서든 할 수 있는 내 일을 만들려면 어떤 능력이 필요한가?'라는 고민을 하게 된다. 대체 불가한 나의 일, 어디서든 변치 않을 나의 가치는 무엇일까를 떠올려본다. AI 시대를 생각하면, 로컬은 이미 다가올 미래이다.

《노는 만큼 성공한다》 저자 김정운 박사는 여수 금오도에서 '아름다움의 힘으로 창조적인 생각을 한다.'는 뜻의 미력창고라는 공간을 만들고 화가이자 작가로 살고 있다. 그는 여수에서도 40분이나 배를 타고 들어가야 하는 섬에 살고 있는 이유로 너무도 복잡한 인간관계에서 벗어날 수 있고 홀로 외롭게 고립되어 지내야 더 다양한 지식 생산을 해낼 수 있다는 점을 들었다.[2] 한때 우리나라에서 가장 바쁘고 강연 많이 하기로 알려졌던 그지만, 어느 순간 남들의 기대대로 살고 싶어 하는 자신의 모습이 불행하게 느껴졌다. 모든 것을 내려두고 일본으로 떠나 아무도 모르는 곳에서 미술을 공부했고, 귀국한 이후에는 금오도에 정착했다.

그 또한 환경과 공간이 주는 힘을 강조한다. 자신의 모든 경험과 배움이 결국 금오도 미력 창고를 만들기 위해서였다고 말할 정도다. 창조성은 공간의 변화에서 오기에, 달라지고 싶다면 공간을 바꿔야 한다고 주장한다. 나다움을 느낄 수 있는 공간을 가지는 경험을 통해 행복해질 수 있다고 말하는 그는 그렇기 때문에 자신의 행복은 자신이 책임져야 한다고 말한다. 나다움을 찾기 위한 공간과 환경을 찾아 나서라는 것이다. 미력 창고에서 그가 펴내고 있는 지식 생산물은 방대한 정보를 바탕으로 한 통찰을 담아 내며, 이전의 수준과 깊이를 매번 넘어서는 듯하다. 60세를 넘긴 그는 여전히 젊다. 인터뷰 영상이나 강연에서 보면 해가 갈수록 세월

---

2 지식인사이드, "'근면성실이 답은 아닙니다.' 창조적으로 살면서 성공하는 법 | 지식인초대석 (김정운 박사 풀버전)," YouTube video, n.d., accessed June 8, 2025, https://www.youtube.com/watch?v=2OQncaacULI.

이 무색할 만큼 총기와 생기, 에너지가 넘친다. 스스로 즐거운 일을 찾아 몰입하는 기쁨을 누리는 삶을 사는 이의 모습은 긍정적이고 활기차다.

실제로 창작하거나 몰입해야 하는 지적 작업의 경우 로컬의 한가로움이 큰 도움이 된다. 정읍에서 반년 살기를 직접 실천했던 내 친구 이진영 감독은 머무는 동안 영화 시나리오를 완성했고 제작비 지원 공모까지 성공했다. 바쁜 도시의 일상에서 멀어져 조금 심심하고 외로웠지만 덕분에 집중해서 창작하는 시간을 가졌다. 번잡한 관계와 만남으로부터 멀어져 깊이 몰입한 끝에 다큐멘터리 제작, 이후 극장 개봉 영화 《하와이 연가》로 커리어 전환의 토대를 만들었다. 한참 시간이 지난 지금도 그때의 단순한 생활은 소중하고 행복한 추억으로 간직하고 있다.

문화예술인을 대상으로 숙박할 수 있는 레지던시 프로그램을 제공하거나, 일반인들의 로컬살이를 지원하는 프로그램이나 지원금을 제시하는 지자체들도 점차 많아지고 있다. 숙박을 위해 지정된 장소와 프로그램을 제공하는 것에서부터 숙박비, 체험비, 식비의 일부를 지급하는 것까지 매우 다양하다. 체재를 지원하는 대신 SNS서포터즈 활동이나, 여행 정보, 체험기를 블로그 같은 컨텐츠로 만들어 올리는 등의 소소한 미션을 주기도 한다. 이런 정보를 한 곳에 볼 수 있는 사이트도 있다. '한달살러'에는 현재 모집 중인 각 지역의 여행 지원금, 워케이션, 숙박 지원 관련 정보를 한눈에 볼 수 있고 바로 신청도 가능하다.[3] 관심 있는 지역을 정하고 해당 지역에서 진행하는 프로그램을 찾거나, 적당한 프로그램을 운영하는 지역부터 탐색해 볼 수 있다. 다만 로컬을 여행하는데 초점을 두기보다는 로컬을 탐색하는 데 도움을 받는 정도로 활용하는 것을 추천한다.

농림축산식품부가 진행하는 '농촌 워케이션' 프로그램도 있다. 네이버 '웰촌'[4]등에서 예약 후 참가신청서를 작성하면 참가비가 할인된다(25년 현재 5만 원). 강원 홍천·강릉, 전북 남원·정읍, 경북 영천·상주 등에 있는 관광농원, 농촌체험휴양마을에서 진행한다. 숙박·업무공간·식사까지 제

---

3   한달살러, "한달살러 - 한달살기 여행지원금 받고 떠나기," accessed June 8, 2025, https://www.monthler.kr.

4   웰촌, "농촌여행의 모든 것," accessed June 8, 2025, https://www.welchon.com/.

공되며, 최소 2일부터 장기 체류가 가능하니 로컬을 미리 맛보기 하는 데 좋다. 워케이션 프로그램을 운영하고 있는 마을의 경우 대부분 지역에서 어느 정도 역량을 인정받은 곳이기 때문에 해당 지역에 관심이 있을 경우 프로그램 진행팀과도 교류를 이어가는 것이 좋다. 로컬에 대한 실질적인 정보를 얻을 수 있다.

은퇴 후 신중년

공무원 생활 30년을 마친 김 과장은 퇴직 무렵 모친이 암 선고를 받았고, 계획하던 이직도 무산되어 한동안 우울하기만 했다. 자녀 학비 등 부담에 조바심이 컸지만, 재취업은 쉽지 않았다. 반면 평생 전업주부였던 아내가 취업에 성공했다. 그는 고민 끝에 어머니가 계신 요양병원 근처인 로컬로 이주를 결심했다. 그는 작은 집에서 혼자 지내며 매일 어머님을 보러 간다. 아내는 남은 가족 걱정은 하지 말고 "열심히 살아온 자신에게 휴식 시간을 주라."고 권했다.

그는 로컬에서 요양보호사 자격시험을 준비하고 있다. 호스피스·완화의료에 관심이 생겨서다. 어머니의 마지막을 함께 하며, 다가올 미래와 생애 마지막 순간에 대한 생각이 많아졌다고 한다. 만약 로컬이 아니었다면 엄두도 못 냈을 거라 고백했다. 그는 공직 시절에 단신 부임했던 경험을 떠올리며, 다시 청년으로 돌아간 마음으로 세상에 나갈 준비를 하고 있다.

은퇴 뒤 바로 다른 일자리를 얻는다면, 진정한 의미의 은퇴가 아니다. 은퇴는 긴 시간 해왔던 직업을 떠나 인생 후반을 새로이 설계하는 전환점이 되어야 한다. 조급한 마음에 당장 무언가를 시도하기보다는 '전과 다른 삶'을 준비하는 시간과 여유가 필요하다. 그럴 수 있는 여유를 주는 로컬은 신중년에 새로운 환경을 제공한다. 직함이나 책임을 내려놓고 홀로 삶을 꾸려나가는 연습을 해볼 수 있다. 사람은 결국 언젠가는 혼자 남게 된다. 생활인으로 산다는 것은 그저 생활비를 책임지는 것만은 아니다. 자신의 삶을 어떻게 꾸려나갈지, 시간을 채우고 생활을 유지하는 감각을 가지는 것이다. 바쁘게 사느라 잊고 있었던 생활인으로서의 감각을 되찾을 기회를 가져보는 것은 은퇴가 주는 선물이 될 수 있다.

《은퇴와 퇴직 사이》의 저자이자 은퇴 설계 컨설턴트로 활동하고 있는 이기훈 작가는 인터뷰를 통해 월 100만 원으로도 노후에 평생 먹고 살 수 있는 법을 밝혔다.[5] 그는 65세가 넘어서 생활비를 더 번다는 것은 불가능한 일이라고 못 박았다. 매스컴에서 말하는 은퇴 후 최소 생활비가 250만 원인데 실제로 그렇게는 나가서 벌 수가 없다고 잘라 말한다. 쉽지 않은 취업의 문을 두드리는 대신 경조사비, 보험비 등의 지출을 줄이고 파트타임 일자리를 만들라고 강조한다. 훨씬 더 많은 일자리가 있고 오래 일할 수 있고, 텃밭 등을 통해 식비를 줄일 수도 있다는 현실적 이유로 도시를 떠나 로컬로 갈 것을 제안한다. 로컬에서는 도시 생활자를 기준으로 책정된 생활비가 아니더래도, 기초연금과 소액의 근로소득이 더해진 적은 예산으로도 충분히 생활이 가능하다는 것이다. 실제로 앞서 소개했던 우리 부모님의

---

5 데일리어썸 DAILY AWESOME, "100만원으로도 노후에 평생 먹고 살 수 있는 이유? 당장 시작해야 할 가장 확실한 노후준비 방법 (이기훈 작가 3부)," YouTube video, n.d., accessed June 8, 2025, https://youtu.be/ZumlPbw6k50.

경우 평균 생활비인 250만 원에 훨씬 못 미치는 금액만으로도 별 문제가 없다. 국민연금과 주택연금을 더해 생활비를 마련하고 어르신 일자리 사업을 통해 소일삼아 버는 소액의 근로소득으로도 부족함 없는 생활이 로컬에서는 가능하다.

당장 어디서 시작할지 모른다면, 여러 지자체가 운영하는 '살아보기' 프로그램을 찾아 참여해 볼 수 있다. 귀농귀촌종합센터 홈페이지를 통해 '살아보기' 프로그램을 선택하면 귀농형, 귀촌형, 프로젝트형으로 나뉘어 신청받고 있는 마을들의 현황과 조건도 확인할 수 있다. 숙박을 제공하나 귀농 교육 등을 필수적으로 이수해야 한다. 프로젝트형의 경우, 마을이나 영농조합에서 필요로 하는 일을 돕는 과정으로 이후 일자리와도 연계될 수 있는 장점이 있다. 또한 서울 50+센터에서도 남원, 강릉, 인제 등에 은퇴자들이 머물면서 지역을 탐색할 수 있는 '여행처럼 살아보기 프로그램'을 운영한 바 있다. 전직 과정으로서 농촌 이주에 대한 교육과정이나 농활프로그램 등 지역 교류 프로그램도 운영하므로 관심이 있다면 홈페이지 정보를 자주 확인해 볼 필요가 있다. 강원 인제군 등 지자체에서도 도시민에게 농촌 거주와 영농체험 기회를 주는 프로그램을 3개월·6개월 단위로 운영한다. 경기도에서는 65세 미만의 베이비부머를 대상으로 지역을 알고 경험할 수 있는 '인턴(人-Turn) 캠프'를 통해 지역에서 활동하는 경험을 할 수 있도록 지원한다. 이처럼 지역에 머무는 체험을 확산하고, 지역민과 교류할 수 있는 프로그램은 전국 곳곳에서 시범적으로 운영하고 있다.

거듭 강조하지만, 삶의 전환을 고민하는 사람에게 로컬은 더할 나위 없이 좋은 선택이 될 것이다. 로컬로 향한다는 것에는 그저 사는 곳을 바꾸는 것 이상의 의미가 있다. 삶을 전과 다르게 바라보겠다는 태도에는 삶의 만족도를 높이겠다는 목표가 있다. 나를 행복하게 하는 것들을 찾아내는 과정이 결국 삶의 만족도와 지속가능성을 높인다. 돈 없이도 행복하고 만족스럽게 살 수 있는 방법을 알아낸다면, 끝없이 돈을 벌어야 하는 삶에서 벗어날 수 있다.

로컬에서 마주할 수 있는 문제들

앞서 '로컬 살이'를 추천하고 싶은 경우와 달리, 더 신중히 결정해야 할 시기나 상황도 있다. 여기 적힌 내용은 내가 직접 지켜보고 겪은 경험에 근거한다.

진로탐색, 일경험이 필요한 청년

지역 활성화, 지역 상권 부흥의 '만능열쇠'로 로컬에서 청년이 자주 호명되곤 한다. 청년 예술가·기획자·창업가가 로컬 크리에이터라는 이름으로 창의적인 공간을 만들거나 사업에 참여한다. 한때는 나도 청년(만39세 미만)으로 호명되었고, 창업 관련 지원을 받은 적도 있다. 이후 후배 창업가, 크리에이터들을 로컬에서 만나곤 한다. 경험하고 지켜보면서 청년으로 로컬에서 뭔가를 하기가 참 쉽지 않다는 생각이 들었다. 사전 경험 없이 본인 관심 분야나 하고 싶은 일을 처음부터 명확히 알고 제대로 하기란 어려운 일이다. 때문에 우선 관심 있는 키워드를 찾아 그 분야에서 취업·인턴십 등을 먼저 경험해 보길 제안한다. 그런 기회를 로컬에서 찾으면 좋겠지만, 도저히 찾을 수 없다면 우선 시도 자체에 의미를 두고 수도권이나 도시에서 지내보는 것도 필요하다고 생각한다. 목표와 기한이 정해진 도시 생활이라면, 나중에 로컬과 도시를 비교하고 판단할 수 있는 관점을 만드는 '자산'이 된다.

창업 자금을 지원해 준다는 이유로 무작정 창업에 뛰어든 청년들을 보면 안타까운 마음이 든다. 무엇이 하고 싶은지도 명확하지 않고, 영업이나 수익 모델에 대한 고민도, 없이 창업을 시도하는 건 도전이라기보다는 무모한 사고가 될 수 있다. 아무리 창업 자금과 멘토링이 있어도 실제 운영은 다르다. 흔히 성공 사례로 언급되는 로컬 정착과 자립에 성공한 청년은 로컬에서 창업해서 성공한 게 아닌 경우가 많았다. 내가 보기에 어디 가서도 성공할 만한 사람인 경우가 대부분이다. 관련, 혹은 다른 분야에서라도 일하고 배우며 전문 지식을 쌓았고, 로컬 환경과 접목해 성공했다. 조직 생활을 먼저 겪으면서 일머리와 함께 사업의 전과정을 미리 경험한 이들도 있었다. 수익 창출과 사업관리를 전혀 모른다면, 창업에 뛰어드는 건 위험하다. 지원금만 가지고 창업이 성공할 리 만무하고, 그 과정에서 얻는 상처와 시행착오는 득보단 실이 많다. 꼭 창업해야겠다면 어디까지 시도해 볼지, 무엇을 목표로 할지를 처음부터 고민하라고 말하고 싶다. 그래야 모든 과정을 마친 뒤, '사업을 위한 사업'에 예산과 시간만 낭비했다는 허무함을 덜 수 있다.

케어가 필요한 상황, 위급이 우려되는 경우

로컬 살이 얘기가 나오면 가장 먼저 듣는 우려가 병원 문제다. 실제로 로컬에선 긴급 진료가 어렵고, 상급 병원이나 대학병원까지 1시간 넘게 가야 하는 경우도 있다. 위급 상황이 발생할 가능성이 있다면 옆에서 바로 도와줄 이가 없는 외진 로컬로 생활 거점을 옮기는 건 위험하다. 또한 본인뿐만 아니라 가족 중 정기적·상시적 돌봄이 필요한 사람이 있는 경우도 마찬가지이다. 물리적으로 멀리 떨어져 있을 때 생길 수 있는 문제를 고려해야 한다.

물론 지역마다 국립의료원·대학병원이 있는 도시가 있다. 식습관이나 운동 등 생활 관리가 필요한 만성 질환의 경우, 요양 목적으로 로컬을 택하는 경우도 많다.

로컬에 대한 오해 가운데 대부분이 실제로 막연하다. 병원이 없다, 진료가 불가능하면 어쩌냐는 걱정을 듣지만, 로컬은 무인도가 아니다. 여전히 사람들이 살고 있다. 무엇보다 많은 고령자들이 거주해 살아가는 곳이다. 원도심에 나가면 터미널 근처에 병원과 약국이 모여있는 것을 쉽게 볼 수 있다. 가벼운 질환에도 미룰 필요 없이 바로 진료를 받을 수 있다. 자주 만나는 의사가 주치의가 되어 이전의 병력을 알고, 지속적으로 만성 질환을 관리해 주는 경우도 흔하다. 의원급에서 해결이 안 되는 문제가 발생하면 언제든 지역거점 상급병원인 대학병원이나, 여차하면 서울로 올라갈 수도 있다. 물론 긴급 상황은 언제든 어떻게든 발생할 수 있기에 100% 완벽히 대비할 수 없지만 평소 건강에 문제가 없다면 충분히, 더 건강히 살아갈 수 있는 곳이 로컬이라고 말하고 싶다.

이른 투자

가장 말리고 싶은 유형이다. 귀농·귀촌을 고민하는 사람을 만나면 늘 "집이나 땅을 먼저 사지 말라."고 강조한다. 도시인의 눈엔 토지·주택이 자산이지만, 마을에서는 조금 다르다. 등기상 내 땅이라도 마음대로 못 쓰거나, 이웃과 갈등이 생기면 자기 집에 갇힌 신세가 되는 경우도 있다. 소중한 노후 자금을 털어 집을 짓고도 결국 비워둔 채 떠나는 안타까운 경우도 목격했다.

사실 마을 주민 입장에서도, 갑자기 땅 사서 들어온 외지인을 '오래 알고 지낸 이웃'처럼 바로 받아들이기 어렵다. 울력 같은 마을 일에 참여도 안 하고, 갈등이 생기면 바로 행정을 찾아 민원을 넣는 이주민이라면 갈등이 커질 수밖에 없다. 로컬이 무조건 여유롭고 따뜻한 파라다이스는 아니다. 인구가 적을 뿐 결국 '사람 사는 세상'이다. 경쟁과 갈등이 없을 리 없다. 도시와 덜하다고 해도 부대끼고 살아가는데 스트레스가 없을 수 없다.

힘빼고 사는 로컬

 내가 제안하고 싶은 로컬 살이는 먼저 힘을 빼고 시작하는 것이다. 여행과 이주 사이 '머물러보기'다. 언제든 떠날 수 있을 정도로 가볍게 접근해야 한다. 앞에서 이야기한 헤매보기 같은 것이다. 집은 가능하면 로컬 도심에 구하는 걸 권한다. 시군 청 인근이나 신 주거단지처럼 도시화한 지역을 택하는 게 좋다. 그래야 도서관, 체육시설부터 시장, 마트 같은 생활 편의 시설에 도보로 편하게 닿을 수 있다. 면 단위로 내려가면 반드시 자차가 있어야 한다. 버스 배차 간격은 너무 길고 정확하지 않다. 급한 일이 생겨도 반드시 차를 몰고 오가야 하는 곳은 로컬 살이 고수 레벨이나 가능하다. 처음부터 도전해서는 실패할 가능성이 높다. 특히나 평생 도시의 아파트에서 살던 사람이 곧바로 농가주택으로 가겠다 한다면 말리고 싶다. 농가주택은 끊임없이 손이 가는데, 해보지 않은 사람은 어디를 손대야 하는지도 모른다. 계속해서 누군가의 도움을 받아야 하고 비용으로 이어진다. 로컬이라는 낯선 환경에 머문다면 거주하는 공간만이라도 익숙한 형태를 택하자.

또 당장 귀농·창업·취업을 서두르지 말고, 기간을 정해서 로컬에 스며드는 시간을 가져본다. 그 기간을 버티는데 충분한 예산을 잡고 새로운 환경에서 달라진 나를 관찰할 시간을 갖는다. 나만의 생활 리듬이 생기기 전에는 친구나 가족 방문도 뒤로 미루는 게 좋다. 어색하게 두리번거리며 헤매고 방황하는 연습, 외롭고 심심한 자신과 친해지는 것이 먼저이다. 어느 정도 로컬을 알게 되고, 나만의 지도가 그려진 후에 가족과 지인을 초대한다면 모두에게 더 즐거운 추억이 된다.

목적을 갖지 말고, 가볍게 둘러보고 지낼 때 오히려 기회가 보인다. 우연처럼 생긴 하고 싶은 일이나 '좋은 기회'가

보여도, 선뜻 거액을 투자하지는 말라고 권하고 싶다. '왜 로컬에 왔는지' 초심을 떠올리면 명확해진다. 사업 기회를 찾으러 온 게 아니라 새 환경에서 나를 재발견하기 위해서 온 로컬이 아닌가. 기회는 밖이 아니라 내 안에 있다.

5장
지금의 내가
더 행복한 이유

변하지 않는 것을 찾다

 가까운 친구가 최근 보이스 피싱에 당했다. 매사 이성적이고 합리적인 그가 왜 그랬을까 싶었다. 보이스 피싱은 권위 있는 기관(검찰·사이버수사대)을 내세워 피해자가 아니라 가해자가 될 수 있다며 위협했다. 비밀수사라며 주변 사람들로부터 고립되도록 하고, 전화를 끊지 못하게 만들면서 생각할 틈을 주지 않고 지시를 내렸다. 친구 말로는 자기도 모르게 사과하게 됐고, 그들의 지시를 따르면서도 엄청난 압박감을 느꼈다고 했다. 계좌에 접속하기 직전, 회의실에 들어온 직원이 "여기서 뭐 하세요?"라고 묻자, 정신이 번쩍 들었다. 서둘러 전화를 끊고 나니, 방금까지 했던 행동이 스스로도 이해가 안 되어 생각할수록 놀랍고 창피하다며 고개를 저었다.
 우리의 행동과 선택은 환경에 영향을 받는다. 환경은 공간이나 장소에서 나아가 생각과 사고를 규정하는 힘이 있다. 어떤 환경에 놓여있느냐에 따라 같은 사람이 상황을 다르게 인식을 하는 경우가 이를 증명한다. 환경은 고정된 것이 아니다. 환경은 우리가 주변과 맺는 관계이기 때문에 같은 환경에 있어도 심리 상태에 따라 다르게 느낀다. 앞서 친구의 사례처럼, 전화 한 통으로 안전했던 공간이 순식간에 불안하고 고립된 장소로 변해버릴 수 있다.

따라서 판단과 결정을 할 때는 내가 놓인 환경에 대해서 먼저 파악한다면, 오류를 줄일 수 있다. 환경을 돌아볼 잠시의 여유가 없다면 이성이 마비될 수 있다. 빨리 시키는 대로 하라는 재촉과 압박에 떠밀려 목적지에 도달해도 허탈함만 남을 것이다.

전과 같은 환경에서 전과 다른 생각과 판단을 하는 것은 초인적인 노력과 엄청난 에너지가 필요한 일이다. 전과 다르게 사고하는 것은 많은 에너지, 정확하게는 뇌에 큰 부담을 준다. 뇌는 가능한 에너지를 적게 사용해서 판단을 내리고, 생존하고자 노력하는 특징이 있다. 그런 뇌의 특성에 반해, 익숙하지 않은 일을 의도적으로 해보려는 노력은 자동적으로 거부하게 된다. 하버드대학교의 뇌과학자인 리사 펠드먼 배럿 박사가 쓴 책 《이토록 뜻밖의 뇌과학》에 따르면 뇌의 가장 큰 임무는 생존을 위해 에너지가 언제 어떻게 필요할지 예측하고 신체를 제어하는 일이다.[1] 예측할 수 없는 상황에 놓이거나, 익숙하지 않은 생각을 하는 일은 본능적으로 거부하게 된다. 해오던 패턴을 벗어나 새로운 사고를 하기 위해 가장 좋은 방법은 환경 자체를 바꾸는 것이다. 같은 자리에서 다르게 생각하는 노력을 하기보다는 환경을 바꾸는 게 행동과 선택을 다르게 만드는 지름길이다.

모든 것이 달라지고 나서야 절대로 변하지 않는 것을 찾을 수 있었다. 절대 변하지 않는 단 한 가지는 바로 나 자신이다. 작고 불안하고 흔들리는 나라는 존재는 환경이 어디에 있든 간에 변치 않았다. 부모님의 기대, 사회가 생각한 수준에 못 미치더라도 괜찮다. 모두를 이긴 1등이 아니어도, 남들이 우러러보고 부러워하지 않더라도 상관없다. 인정받지 않아도, 조금 외로워도 괜찮다. 그저 하루의 시간을

---

1   리사 펠드먼 배럿, 이토록 뜻밖의 뇌과학: 뇌는 생각하기 위해 있는 게 아니다 (서울: 더 퀘스트, 2020).

채우고, 생활하는 존재인 내가 있었다. 가끔 혼란스럽고 흔들릴 때면, '그게 정말 중요한가?' 하고 자문했다. 그러면 답은 금세 나왔다. 나를 둘러싼 평가와 기대에서 한발 벗어날 수 있었다.

자기 신뢰의 회복

 실패의 기억, 배움, 스쳐지나듯 얻었던 정보와 작은 깨달음들이 내 몸 어딘가를 떠돌다 필요에 따라 연결되고 쓰임을 찾았다. 가끔 생각지도 않았던 일을 해내는 나 스스로가 기특하고 신통하게 느껴지기도 했다. 그 누구보다 내가 나를 인정해준다. '전에 이보다 더한 것도 했는데…' 하고 힘들 때 꺼내 쓸 수 있도록 작은 성취의 기억도 잘 저장해둔다. 나는 아직도 하고 싶은 게 많고, 새로운 일에 도전할 수 있는 에너지와 자신감이 생겼다. '안 해봤지만, 하면 할 수 있을 것 같다.'는 태도로 세상을 관찰하기 시작하면서 부터다.

잘할 수 있을 거라는 자신감은 단순한 배짱이 아니라, 몸과 마음속에 쌓인 실제 경험을 믿는다는 뜻이다. '내 감정과 생각, 판단에 대해 근본적으로 신뢰하는 상태'를 자기 신뢰라고 부른다. 안정적인, 관성에 따르는 삶을 통해서는 자기 신뢰를 쌓을 수 없다. 자기 신뢰는 불안을 넘어서 자신의 감정과 욕구를 관찰하고 인정하는 데서 시작하고, 외부 세계에 기꺼이 부딪칠 때 점차 쌓인다. 로컬의 삶도 비슷하다. '이런 방식으로도 살 수 있겠다.'라는 자기 존재에 대한 확신이 삶의 가능성을 확장시킨다. 실패든 성공이든 지나온 발자국은 모두 의미가 있다. 내가 던진 질문에 답을 찾고, 판단한 경험과 실천이 자기 속에 살아 움직이기 때문이다.

지난 경험의 의미를 깨닫는 것은 앞으로 어떤 가치를 가지고 살아갈지 정하는 것과 같다. 선택과 경험, 배움이 오롯이 쌓인 사람은 세상을 보다 주체적인 관점으로 바라볼 수 있게 된다고 믿는다. 이미 이전에 여러 실패와 성공을 겪었고, 그때마다 뭔가를 배웠다. 배움이 현재의 나를 지탱해 주고, 또 미래의 시도를 가능하게 해주는 밑거름이 될 것이다. 그렇기에 계속해서 흔들리고 헤맬지라도 내가 결정하고 내 손과 발로 경험하고자 한다.

내 속도 찾기

함께 있어도 될까?

벨기에와 제주에서 태어난 두 아이들은 모두 중학생이 되었다. 형제는 성격도 생김새도 완전히 다르다. 큰아이는 성실하다. 뭐든 천천히 끈기 있게 하는 편이고 지치지 않는 집중력을 가졌다. 조용한 것 같은데도 어딜 가든 친구에게 인기가 많다. 반면 작은아이는 활발하고 사교적이며 다양한 것을 얕고 넓게 경험하는 것을 좋아한다. 어디로 튈지 모르는 생각과 행동을 하지만, 어떻게든 해내고야 마는 집념이 있다. 둘 다 무서운 요즘 중학생들과 달리 집에서 말도 많이 하고 집안일도 잘 돕는다.

얼마전, 비슷한 또래 자녀를 둔 지인과 커피를 마시며 이야기를 나눴다. 그녀는 중학생 아들 때문에 가족 간 스트레스가 심하다고 토로했다.

"공부는 안 하고, 말도 안 하고, 방에만 틀어박혀 게임만 해. 정말 살기가 싫을 지경이야."

한숨을 내쉬면서 그녀가 덧붙였다.

"혹시 몰라 정신과 진료를 받았는데 아이가 스트레스가 심하다는 거야. 불안 증상이 심하다는데 뭐가 문젠지 모르겠어."

내가 아이들 사춘기나 학업 때문에 스트레스를 거의 받지 않는다고 말하자, 그녀는 놀란 눈으로 나를 바라봤다.

"이런 학부모 처음 봤다. 아이 때문에 스트레스가 없다니, 무슨 딴 세상에 사니?"

그러고 보니 그랬다. 나도 아이들이 중학생이 되면 당연히 부모와 자녀 모두 갈등과 긴장 속에 사는 것이 당연하다고 생각했다. 중2가 무서워서 전쟁이 안 난다는 농담이 있을 정도로 우리 사회의 일반적인 모습이니까. 지인의 반응에 '왜 나는 이렇게 태평한가?'를 생각해 보게 되었다.

얼마 후 가족과 함께 있어도 휴식 같지 않고, 혼자일 때만 쉰다고 여기는 사람들에 대한 기사[1]를 읽게 되었다. 전 세계 38개국, 3.7만 명을 조사하며 집에 대한 생각을 묻는 이케아 리포트를 인용한 기사에서 한국인은 집에서 혼자 있을 때 가장 즐겁다고 말한 비율이 40%에 달했다. 업무 외에 사회생활로 에너지 소모가 너무 크기에 가정에서조차 소통보다 재충전을 원한다. 함께 사는 사람들과 웃는 것이 즐겁다는 인식은 14%(세계 평균 33%), 자녀를 기르는 성취감은 8%(세계 평균 22%)에 불과했다. 가정이 서로에게 안식처가 아니라고 느끼고 있다는 방증이다. 그 기사를 읽으며 마음이 무거워졌다. 가장 따뜻하고 포근해야 할 가족이 불편하다니 그럼 어디서 위안과 안식을 얻을지 걱정스럽고 안타까웠다.

불안하지 않다면

---

[1] 박진용, 박정현, "집에선 쉬고 싶은 한국인⋯'혼자 있을때 가장 즐겁다' 40%," 서울경제, January 15, 2024, accessed June 8, 2025, https://www.sedaily.com/NewsView/2D43FCI7Z5.

내가 자녀 관계에 있어 스트레스를 크게 느끼지 않는 이유가 성적에 관심이 없거나, 아이들이 이미 탁월한 성적을 거둬서는 아니다. 큰아이는 과학을 좋아하지만, 국어가 약하고, 작은아이는 수학을 좋아하지만, 영어는 어려워한다. 우리 집 성적표에는 '우수'부터 '미흡'까지 다양한 평가가 존재한다.

지인과의 대화 덕분에 '왜 내가 자녀 문제로 스트레스를 안 받을까?' 진지하게 돌아보다 답을 찾았다. 나는 아이들의 미래가 불안하지 않다. 걱정은 되지만, 자신의 길을 찾는다면 잘해 나갈 거라 믿는다.

20대 초반의 나는 글로벌 인재가 되고 싶었다. 언제라도 어디서든 일할 수 있는 사람이 되는 것이 목표였다. 해외주재원 파견이 결정된 후에는 바로 가방을 싸 들고 2주 만에 출국했다. 일을 최우선에 두고, 내가 가진 시간과 에너지를 모두 회사에 쏟아부으면서 살았고, 그 과정에 적지 않은 성과도 얻었지만, 그 끝은 보이지 않았다. 회사라는 조직에서, 끝없는 경쟁에서 언제라도 밀려날 수 있다는 사실을 알고 있었다. 무엇보다 계속해서, 언제까지나 잘할 수는 없다는 것을, 일에 모든 것을 걸었던 선배들의 쓸쓸한 뒷모습을 보면서 느낄 수 있었다. '이게 내가 정말 원하는 삶, 후회하지 않는 생일까?' 하는 의문이 떠나지 않았다. 운명처럼 떠나게 된 벨기에라는 낯선 환경은 반강제적으로 삶의 전환을 만들었다. 내 삶의 속도와 리듬을 홀로 결정하는 경험이 이후 생을 달라지게 했다.

귀국해 제주도에서 작은아이를 낳고, 다시 정읍으로 이주했다. 여러 차례 환경이 바뀌면서 내가 쌓아온 경력과 네트워크는 무용지물이 되었다. 새로운 환경에서 다시 시작해야 했고, 중간에 육아로 경력이 단절되기도 했다. 당연히 불안했다. '내가 뭘 할 수 있을까?' '여기서 내가 할 수 있는 게 있을까?' 하지만 방황 끝에 길이 보였다.

한참 헤매고 뒤늦게서야 내 길을 찾았듯, 아이들도 스스로 길을 찾는 시간이 필요하다고 생각한다. 언제고 찾을 거란 기대와 확신이 내심 있기 때문에 불안하지 않다. 남이 정해준 길이 아니라 내가 정한 길은 조금 헤매고 돌아가더라도 지름길이 된다는 것을 아이들에게 애둘러 전하고 싶은 마음은 있다.

압박은 이미 충분히 많다

"공부 안 하면 큰일 나!"

겁주고 몰아붙이기보다, 자신의 속도와 방향을 찾을 수 있도록 기다리고 싶다. 안 그래도 온 사회, 학교, 주변의 압박이 있을 텐데 굳이 부모까지 안달복달할 필요는 없다. 아이들은 이미 학교에서, TV에서, 친구들로부터 '공부를 잘해야 한다.'는 메시지를 끊임없이 받고 있다. 여기에 부모까지 가세한다면 아이들은 숨 쉴 틈도 없을 것 같다.

지금껏 운동과 친구로 신나는 학창 시절을 보낸 두 아이도 사춘기에 접어들면서 어렴풋이 '공부하긴 해야겠다.'고 느끼는 것 같다. 큰아이는 얼마 전 국어 시험에서 낮은 점수를 받고 속상해하다가 스스로 문제집을 사야겠다며 의욕을 보였다. 작은아이는 교과서를 중심으로 미리 예습하면서 영어 수업 준비를 해간다. 원래 발표를 좋아하는데 영어 발음을 틀리고 싶지 않았던 모양이다. 잘 안돼서 속상해하기도 하고, 반대로 기대 이상의 좋은 결과에 신나 하기도 하면서 여기저기 부딪치는 중이다.

아이들에게 종종 말한다.

"지금 하는 건 배우는 과정이고 연습이야. 학생에게 공부는 일이니까, 성실하게 최선을 다해보는 거야."

완벽한 부모는 아닐지라도, 적어도 아이들을 불안하게 하진 않겠다고 다짐하곤 했다. 흔들리면서도 일관된 방향을 가르치는 나침반처럼 옆을 지키고 싶다. 잘하면야 물론 좋겠지만, 그렇지 못해도 최소한 배움을 즐기고 좋아하는 걸 목표에 두려고 한다.

배움은 '청소년기에 끝나는 것'이 아니다. 《삶을 위한 수업》의 저자 오연호 대표는 어.피.플에서 열린 강연회에서 '인생은 내내 성장기'라고 말했다. 성장기가 따로 정해져 있지 않다는 것이다. 한번 결정되어서 그대로 가는 것도 아니고, 지금 흔들린다고 해서 앞으로도 계속 흔들리는 것도 아니라고 했다. 지금 당장은 미숙해도 자기 자신을 사랑한다면 계속된 성장을 즐겁게 맞이할 수 있다.

오연호 대표처럼 로컬에서 살면서 오히려 유명 작가와 강사를 소규모로 만나 교류하며 새로운 인식을 넓힐 기회가 더 많았다. 크고 작은 이벤트와 활동을 직접 기획하면서다. 로컬이 아니었다면 이렇게 만나고, 가까워질 수 있었을까 싶은 인연들이 하나둘 늘어났다. 살고 싶은 지역을 만들기 위해 모인 반짝이는 재능의 사람들을 만나기도 했다. 독특한 경험과 멋진 생각을 가진 이들과의 교류가 조금씩 더 넓고 열린 사람이 되어가는 과정이라고 느낀다.

삶은 공부, 공부는 삶

"사는 거, 해보는 거 모두 다 공부야."

내 경험에 빗대어 아이들에게 늘 말한다. 내가 정말 하고 싶은 것이 생겼을 때, 그걸 잘 익히고 배우기 위해서라도 미리 연습처럼, 공부하는 습관을 위해서 지금 열심히 해야 한다고 말해준다. 남보다 잘하지 말고, 전보다 잘하라고 응원한다. 물론, 아직 우리 아이들이 입시를 앞둔 것은 아니라 마음이 여유롭다. 본격적으로 대입을 위해 달려야 한다는 고등학교에 가면 상황이 달라질지도 모른다. 적어도 우리 가족만은 '내 속도로 가는 삶'을 살았으면 한다. 앞으로 어떤 세상이 올지, 무엇을 준비해야 할지 모르지만 적어도 공부에 두려움과 거부감이 없다면 얼마든지 스스로 헤쳐 나갈 수 있으리라 믿는다.

내 속도대로 살아도 된다는 것, 삶은 끝없는 배움의 과정이라는 것, 그리고 그 여정이 경쟁이 아니라 자신만의 지도를 완성하는 경험임을 깨닫고 나서 나는 삶이 한결 수월하고 즐거워졌다. 나이 들고 도전하는 것에 두려움이 사라졌고 해보고 싶은 것이 여전히 많다. 아이들도 그랬으면 좋겠다. 계속하고 싶은 일을 찾고, 거기서 효능감을 느끼며 살아가길…. 스스로 정한 대로, 진짜 나답게 산다면 더 바랄 것이 없겠다.

살면서 지치고 어려울 때나 쉬고 싶을 때면 찾는 고향 같은 부모, 가족이 되고 싶다. 서로의 여정을 응원하고 지켜봐 주는 관계였으면 한다. 아이들이 각자의 속도와 방향으로 나아가는 것을 불안 없이 지지하고, 나 역시 내 여정을 계속해 나갈 수 있길 바란다. 기대거나 의지하지 않고 '따로 또 같이' 가족으로서 함께 살아가며 같이 행복하고 싶다.

로컬에서 살 결심: 낯선 환경이 만든 변화

로컬은 새로운 가능성

눈을 감고 잠시 상상해 보자. 낯선 곳에서 한 계절을 보내야 한다. 그곳에서 만나는 사람들은 내가 누군지, 원래 어떤 사람인지 전혀 모른다. 어디든 마음대로 정할 수 있다. 늘 하던 대로가 아니라 내가 원하는 대로, 좋다고 생각하는 것들로 시간과 공간을 채워본다. 그렇게 천천히 내 마음대로, 하고 싶은 대로 해보는 연습을 통해, 한동안 쓰지 않아 무뎌진 감각을 깨운다. 작은 결정조차 허둥거리고, 이게 맞는지 망설여지겠지만 조금씩 해본다. 지켜보는 눈이나, 사회가 제시한 기준에 무분별하게 따르지 않고 주체적으로 선택하려면 '내가 무엇을 원하는지'에 초점을 맞추어야 한다. 잘 들리지 않았던 내 안의 소리가 점점 커진다.

"내가 정말 원하는 건 뭐지?" "어떻게 살고 싶은 거지?"

이런 질문을 던질 수 있는 낯선 환경, 바로 로컬이다.

로컬은 단순한 지리적 이동이 아닌 새로운 가능성이다. 전과 다른 삶을 시도할 기회이자, 늘 있었지만 실행하지 못했던 선택지이다. 도시에서는 남들과 끊임없는 비교와 경쟁, 불안 속에 자신을 잃어버리기 쉽다. 하지만 로컬은 다르다. 그곳에서는 속도를 늦추고, 나만의 리듬을 찾을 수 있다. 로컬이 가진 가장 큰 특징과 매력은 낯섦이다. 나를 둘러싼 공간도, 시간의 흐름도 전과 다른 곳이다. 어제와 다른 오늘은 새로운 환경에서 가능하다.

나는 생각과 환경을 바꾸는 낯선 환경의 힘을 해외에서 먼저 경험했다. 낯선 곳에서 고독하게 살면서 두렵고 떨렸지만, 살아있음을 느꼈다. 회사 발령으로 떠났던 그때와 달리 내가 선택했던 제주도행은 전보다 훨씬 더 불안한 결정이었다. 그저 '내가 결정하는 감각'을 좀 더 느끼고 싶은 마음으로 다소 무모하게 '로컬 살이'를 시작했다. 그리고 인생을 살아가는 새로운 관점과 유용한 기술을 알게 되었다.

바로 '바뀌고 싶다면 낯선 곳에서 살아보기'이다.

삶과 생각을 바꾸려면 낯선 곳이어야 한다. 어딜 가도 편안하고, 내가 어떤 사람인지 다들 알고 반겨주는 곳에서는 갑자기 방황하고 헤맬 수 없다. 전과 다르게 살아도 아무 상관 없는, 나에 대한 기대가 전혀 없는 장소여야 한다. 철저히 이방인으로 있을 수 있는 그곳에서, 지금까지 삶과 앞으로 여정의 방향을 고민하는 시간이 필요하다. 낯선 곳에서 어색하게 오롯이 홀로 서 있는 나를 만나는 것이 전과 다른 삶을 시작할 계기가 된다.

처음 가본 곳에서는 곳에서는 누구나 길을 잃는다. 낯선 로컬에서 숱하게 길을 잃었다. 많지 않은 정보를 가진 새로운 터전에서 살아갈 준비를 하느라 헤맸고, 정신적으로도 끊임없이 헤매고 방황했다. '과연 잘한 일일까?' 걱정이 끝나자 '여기서 뭘 하지?'하는 고민에 시달렸다. 도시에서는 항상 무언가를 해야 했다. 내가 어떤 역할을 하기를 기대하는 사람들, 조직이 있었고 다음을 고민할 필요 없이 눈앞에 쌓인 일이 있었다. 그걸 잘 해낼 방법만 고민하면 되었는데 로컬에서는 뭘 해야 할지를 먼저 생각해야 했다. 방향부터 정해야 하는데 계속 맴도는 느낌일 뿐, 출구가 보이지 않았다. 무엇이든 할 수 있지만, 아무것도 할 수 없었다. 기대가 없다는 것, 아무도 나에게 무언가 요구하지 않는다는 사실이 허탈하고 허전하기만 했다. 이렇게 별것 아닌 존재였나, 뭘 위해 그렇게 안절부절못하며 열심히 살았는지 허무했고, 한편으로, 앞으로도 계속 이렇게 멈춰있으면 어쩌나 하는 조바심이 났다.

처음에는 공허하고 답답하기만 했다. 마치 수십 년 동안 시끄러운 음악 속에 살다가 갑자기 완전한 정적 속에 놓인 것 같았다. 그 정적 속에서 내 안의 목소리가 들리기 시작했다. 처음에는 희미하게, 그리고 점점 더 선명하게.

"나는 무엇을 좋아하지?"

"그렇게 바쁘게 살아서 얻고 싶은 게 뭐지?"

"내가 정말 원하는 삶은 어떤 모습이지?"

이런 질문들에 대한 답을 찾아가는 과정이 바로 로컬에서 나의 여정이었다.

이미 충분하다는 깨달음

우리 삶에서 불안은 항존한다. 어디 가서 밀리지 않을까, 아이들 교육은 잘 시키고 있는 걸까, 내 커리어는 충분히 성공적인가, 지금 어떤 선택을 해야 생활에 여유가 생길까. 노후는 또 어떻게 준비해야 할까. 이런 불안과 질문들이 끊임없이 괴롭힌다.

로컬이라고 해서 이런 불안이 일거에 사라지지는 않는다. SNS와 주변에는 여전히 더 멋지고 화려한 일상을 자랑하는 이들이 넘쳐나고, 그걸 보며 마음이 흔들릴 때도 있다. 하지만 잠시 흔들릴 뿐 다시 제자리로 돌아온다. '내 생각에도 이게 중요한가?'를 묻게 되었다. 누군가가 만들어 둔 욕망 그물에 걸린 것은 아닌지, 정말 그게 중요하다고 생각하는 게 나인지 질문을 던지면 출렁이던 마음이 가라앉는다. 내 생각과 감정을 결정하는 것은 나여야 한다는 배움, 로컬에서 얻은 감각 덕분이다.

나는 로컬에서 '이미 충분하다.'는 것을 배웠다. 로컬에서 소외감과 이질감을 느끼기도 했지만, 덕분에 유일하게 내가 아는 한 사람, 나 자신에게 집중할 수 있었다. 낯선 환경에서 했던 나의 모든 도전과 실패를 내가 직접 목격했다. 지금도 생각하면 얼굴이 벌게지는 시행착오, 실수가 떠오른다. 어리숙하기만 했던 처음을 떠올리면 헛웃음과 함께 식은땀이 난다. 어떻게 여기까지 무사히 왔는지 하늘이 도왔다는 생각이 절로 든다. 하지만 지금까지 무사하다는 사실이 중요하다. 포기하지 않고, 열심히, 무사히 살아온 나는 이미 충분하다. 남이 알아주지 않아도 '애썼어. 이 정도면 충분해.'하고 내가 속으로 말해줄 수 있게 되었다. 내 존재를 전보다 긍정하게 되었다. 그렇게 헤매고 방황했던 날들을 지나 더 편안한 내가 되었음에 감사한다.

포기와 용기 사이를 오가고, 실패와 도전을 반복하며 쌓은 경험이 나를 조금씩 채웠고, 자신에 대해 더 잘 알게 했다. 낯선 길 앞에서 엉거주춤 어색하게 스텝이 꼬일 때도 많았지만, 헤매겠다는 각오가 길을 열었다. 로컬에서 보낸 시간은 나에게 통찰을 주었다. 아무리 아름다운 삶이라도, 내가 원치 않는 방향과 속도로 가면 괴롭다는 것을. 내 삶의 방향과 속도를 알고 지키는 나는 이미 충분한 존재다.

이 생각이 마음 한구석에서 싹트기 시작하자, 어디에 있던 예전만큼 불안하지 않았다. 부러움·좌절이 생겨도, 아침저녁 바뀌는 날씨 같다고 생각한다. 왔다 갔다 하는 순간의 감정이 아니라, 낯선 로컬에서 마주했던 나를 기억해 낸다. 세상이 인정하든 않든, 나는 부족하지 않다는 확신이 생긴 것 같다.

인생의 치트키, 환경 설계

이제는 내가 어디 있는지가 중요하지 않았다. 우리 가족은 10년 만에 수도권으로 이사를 결정했다. 나에게 로컬은 익숙한 환경이 되었고, 평생 로컬에서만 자란 아이들에겐 도시가 오히려 새로운 공간이었다.

다시 돌아온 서울은 낯설지만 익숙했다. 무리를 해서라도 더 벌고, 더 써야 한다는 세상의 압박도 여전하다. 어딜 가든 사람들로 붐비고, 집값은 천정부지다. 아이들 교육부터 노후 준비까지 절대로 놓치면 안 된다는 압박과 협박 같은 외침도 여전하다. 도시의 소용돌이 속에 흔들리지 않는 것은 아니지만, 중심을 잃지는 않는다. 나는 이미 내 삶의 방식을 정했기 때문이다. 만약 그 삶을 이어가기에 어려움이 있다면, 환경을 바꾸면 된다. 그러고보니 인생의 치트키가 하나 생긴 것 같다.

환경이 바뀌면 생각과 방향이 달라진다는 사실을 체험하면서 나는 한결 여유 있어졌다. 당장, 눈앞의 현실에 일희일비하지 않고 다른 각도에서 어떻게 보일지 살필 수 있는 틈이 생겼다. 여전히 흔들리고, 모르는 것들도 많고, 아쉬운 것도 있지만, 그럼에도 크게 부족함이 없다고 생각한다. 지금으로도 충분하다.

로컬에서 경험은 내게 '환경 설계의 힘'을 가르쳐주었다. 어떤 사람이 될지, 어떤 삶을 살지는 의지나 노력의 문제만이 아니라, 우리가 속한 환경의 영향도 있다. DNA에 경쟁이 새겨져서가 아니라, 도시의 환경이 경쟁을 만들고, 사람들을 더 불안하게 만든다.

내가 결정함으로써 생기는 리듬을 되찾고, 역할과 책임이 아닌, 있는 그대로의 나를 만나기 위해서 낯선 환경에 가야 한다. 내가 선택했던 로컬은 낯선 환경일 뿐만 아니라 자연 속에서 나 자신을 만날 수 있는 기회를 주었다. 로컬은 헤매고 실수해도 되는 안전한 공간이었다. 머무름을 통해 삶을 되돌아보고 앞으로의 여정을 계획할 수 있는 시간과 여유를 주는 곳이었다. 로컬이라는 환경에서 머물렀던 경험으로 나는 진짜 나와 좀더 가까워졌다.

에필로그

지금, 로컬에 머물러야 할 이유

'사람은 사회적 동물이다.'는 말에는 여러 함의가 있다. 나를 둘러싼 것들로 인해 나는 존재 의미를 찾고 정체성을 갖는다. 하지만 주변 환경과의 관계성 속에서 원치 않았던 방향으로 살아가게 될 수도 있다. 도시는 밀집된 사람들의 끊임없는 경쟁으로 돌아가야 하는 특성상 불안을 동반할 수밖에 없다. 여기에 더해 SNS는 도시의 욕망을 비추는 거울이 되어 시간과 공간을 넘나들며 비교하고 경쟁하게 부추긴다. 더 나은 삶을 향한 욕망은 효율성과 부, 성공으로 이끈다. 각자 다른 길로, 저마다의 방식으로 행복을 찾기에는 도시는 너무 바쁘고 복잡하다.

도시에서의 삶이 완전히 부정적인 것만은 아니다. 도시는 우리에게 효율성, 전문성, 다양성을 준다. 더 나은 것을 추구하는 열망, 새로운 것을 배우고자 하는 의지, 다채로운 개성과 익명성의 자유로움, 연결과 혁신…. 이런 것들은 도시에서 얻을 수 있는 소중한 가치다. 문제는 이러한 가치들이 균형을 잃었을 때다. 효율성이 인간성을 압도하고, 전문성이 다양한 경험을 막고, 지나친 다양성이 획일이라는 모순으로 드러날 때, 우리는 진정한 자아를 잃어버린다. 내가 인정하지 않는 한 나의 행복과 만족은 채워지지 않는다.

균형을 회복하기 위해서는 새로운 장소가 필요하다. 도시에서 배운 가치들을 버리는 것이 아니라, 나만의 순서와 방식으로 통합하고 재배치하기 위해서는 숨을 고르고 돌아볼 수 있는 시간과 여유가 있어야 한다.

로컬에 머문다는 건 결국 '살아본 적 없는 낯선 환경'에 자신을 던져보는 일이다. 아무것도 아닌 존재로 서볼 기회다. 심심하고 단조로운 시간을 보내며 마음껏 헤매보자는 의지다. 조금은 안전한 공간에서 이방인이 되어 나의 새로운 모습을 찾으러 가는 여행이다.

로컬은 단순한 지리적 위치가 아니다. 안전한 모험의 장소이자 전과 다르게 살겠다는 태도다. 속도를 늦추고 내면의 소리에 귀 기울여 볼 결심이다.

정해진 길에서 벗어나는 막막함 속에 나에게 맞는 방향과 속도를 찾을 수 있다. 그렇게 있는 그대로 충분한 나를 발견한다면 어디든 내게 맞는 곳이다. 전과 다른 삶을 원한다면 환경을 바꾸는 선택을 하자. 새로운 환경에는 새로운 시각, 새로운 습관, 새로운 관계가 있다. 그 속에 새로운 나 아니 알지 못했던 나를 발견한다.

가장 쉽고 확실한 변화를 원한다면 로컬이 답이다. 원한다면 언제고 도시로 돌아올 수도 다른 곳을 찾아 떠날 수도 있다. 지금 도시의 불안과 경쟁 속에서 숨이 막히고 늦기 전에 다른 길을 찾아보고 싶다면 잠시 멈추고 생각해 보아야 한다. 정해진 길에서 잠시 벗어나는 용기를 내고 원했던 방향과 속도를 떠올려보기 위해서다. 전과 다른 삶을 원한다면 가장 빠르고 간단한 선택이다.

지금, 로컬로 가자.

생애 한번은 로컬

초판 1쇄 발행 2025년 6월 25일

저자 방경은
펴낸이 김영근
편집 한주희 최승희
디자인 김영근
펴낸곳 마음 연결
주소 경기도 수원시 팔달구 인계로 120 스마트타워 604
이메일 nousandmind@gmail.com
출판사 등록번호 251002021000003
ISBN 979-11-93471-57-9
값 17000